ちくま新書

デカルト入門

小林道夫
Kobayashi Michio

589

デカルト入門【目次】

第四章　デカルトの人間論と道徳論　165

デカルト像

(Descartes 1596–1650)

フランス・ハルス作による肖像画をもとに、

ジェラール・エドゥリンク(1649–1707)が彫った版画

序――デカルトの人間像

†行動人デカルト

これからデカルトの思想についてのべるにあたり、読者にデカルトについてのイメージをまずもってもらうために、デカルトはどういう人物か、どういう思想を展開した人かということをごく簡単にいっておきたい。

デカルトといえば「コギト・エルゴ・スム（cogito, ergo sum）」（私は考える、ゆえに私はある）という言葉が思いだされるであろう。デカルトは一般に、このコギトを哲学の第一原理にすえて近代哲学の礎石を築いた人物とされる。このことからは、彼について、一生を書斎で思索に専念した、意識中心主義の哲学者という人間像が思い浮かべられるかもしれない。しかし、それは二重の意味でまちがっている。

第一に、デカルトは、古代から現代にかけての思想家のなかでも、最も行動半径の広い劇的な生涯を送った人物の一人である。こののち、あらためて詳しくとりあげるが、彼は、一五九六年にフランスで生まれ、そこで学生生活を送ったのちに、二十歳をすぎて、故国を離れ、自ら志願してオランダの軍事学校に入った。そこで修業をつづけながら軍人としての生活を送ったのちに、勃発したばかりの「三十年戦争」の戦場のドイツにわたり、さまざまな経験を重ねた。ついで、一時フランスに戻り、それからイタリアを旅行して、そのあとパリに滞在し、今度は多くの文人、科学者、神学者と交流した。この間、デカルトの伝記には、彼が旅の最中に追いはぎにあってこれを剣で屈服させ、また、ある女性のことで決闘を行ない、その相手を倒したとある。

ついでデカルトは、このような修業と冒険と諸国遍歴の時期を過ごしたあと、三十二歳のときに、今度は一転して、オランダに隠棲し、思索と著作活動に専念した。そこで、『方法序説』、『省察』、『哲学の原理』、『情念論』などを執筆し、新たな学問体系を構築した。そして、最後には、彼は、北国スウェーデンの女王クリスティーナの懇請に応じてストックホルムに赴き、そこで客死することになる。デカルトの生涯は、このような、文字どおりヨーロッパを股にかけた文武にわたる生涯だったのである。

†諸学の構築者デカルト

第二に、学者としてのデカルトの活動は、「コギト（私は考える）」に象徴されるような意識中心主義の哲学に限られるものではない。このあと、本書の中心部で立ち入って論述することになるが、その哲学は、最終的には独我論や観念論を退けることになる、神の存在を頂点とした構造を構成するものである。しかも彼の学問体系は、認識論や形而上学といった狭義の哲学にとどまらず、数学や自然学（物理学）や生理学などの諸科学にわたり、その後の方向を決めることになる新たな理論体系を構築しているのである。実際に、彼は、数学の分野では解析幾何学を創設し近代解析学の祖として知られる。読者のなかには、デカルトといえばまず「数学者デカルト」あるいは「デカルト座標」を連想する人が少なからずいるかもしれない。

デカルトはまた、自然全体を機械とみなす近代の機械論的自然観をはじめて打ち出し、近代の力学の最も基本的な法則である「慣性法則」を最初に定式化した自然学者（物理学者）である。彼の自然学の体系は、その後のニュートンによる力学の形成によって、長いあいだ、科学史上、十分評価されることがなかったが、それが、近代の力学の形成において果たした決定的な役割はけっして軽視されるべきものではない。しかもデカルトは、現代の観点からその構想上注目すべき宇宙生成論を展開している。

さらにデカルトは、人間の身体全体を自然学の原理と同じ原理で理解できるとする機械論的見地の生理学をはじめて提示した人物である。そのせいで、彼の生理学は「人間機械論」の源泉とみられたりさえする。このように、デカルトは、みずから創設した哲学を基礎にして現代につながる諸科学を新たに構築した人物であり、このような人物は人類史上まずいない。

ただし、デカルトをこのように紹介すると、読者のなかには、デカルトというのは、結局のところ、コギトを原理として諸科学を形成した、合理主義の科学者にほかならないのではないかと思ってしまう人がいるかもしれない。あるいは、デカルトは、身体を含め自然全体を機械論的に理解し、そのことによって自然の環境世界や人間の感覚的生の独自の意味を否定する冷徹な思想家なのではないかと想像する人がいるかもしれない。しかし、それは誤りである。

この点は、本書の後半でのべることになるが、デカルトは、自分の哲学を確立し、それにもとづいて諸科学を構築したあと、あらためて、人間の情念や感覚的生のありかたを具体的に考察しており、それに、科学によっては解明できない独自の価値をはっきりと認め、その見地にしたがって「高邁の心」というものを核心とする彼独自の「道徳論」(心の哲学)を展開している。デカルトは、一方で新たな哲学を設定し、それにもとづいて諸科学を創設しながら、他方で、それらの対象領域とまったく異質なものとして、実践的・道徳的生を理解し、その価値を説いているのである。

いずれにしても、デカルトという人は、その実践的活動と諸学問の両方においてきわめてスケールの大きな展開を示した思想家であり、また人間の現実的な生についてもきわめて豊かで透徹した洞察を提示した人物なのである。科学の進展と人間の精神的価値のかかわり、あるいは機械と人間の心の関係といったことが主要な課題となっている現代の思想状況にあって、デカルトの思想は、その考察のための最も豊かな題材なのである。

本書では、まず、前半で、デカルトの広範囲にわたる生涯と著作活動を、彼の伝記や、自伝的な『方法序説』にしたがって叙述し、ついで彼の学問体系の話に移り、まず第一にその基礎となる認識論と形而上学を論じ、ついで彼の自然学と宇宙論を紹介し、そして最後に彼の人間論と道徳論とを提示することにしたい。

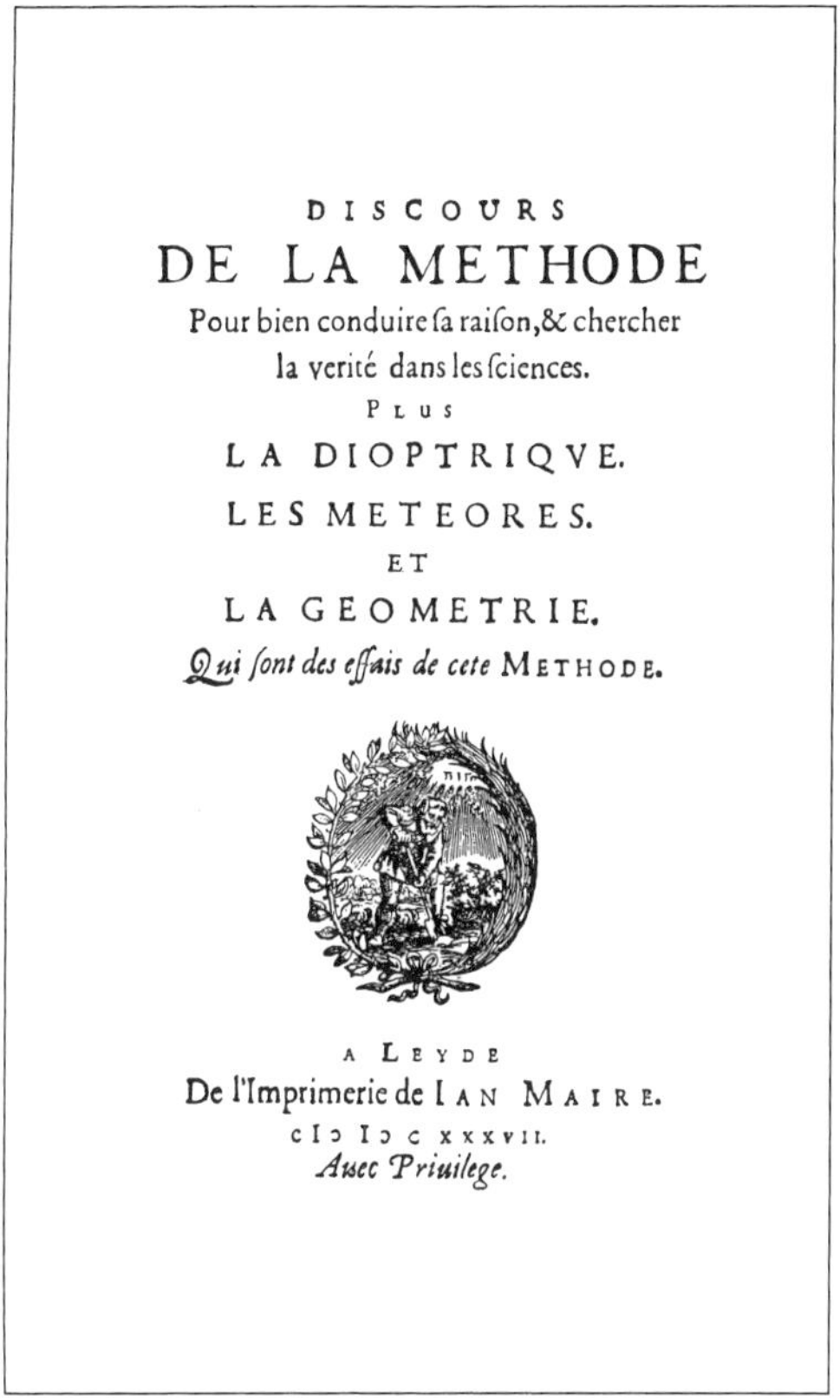

DISCOURS
DE LA METHODE
Pour bien conduire ſa raiſon, & chercher
la verité dans les ſciences.
PLUS
LA DIOPTRIQVE.
LES METEORES.
ET
LA GEOMETRIE.
Qui ſont des eſſais de cete METHODE.

A LEYDE
De l'Imprimerie de IAN MAIRE.
CIↃ IↃ C XXXVII.
Avec Privilege.

第一章

デカルトの生涯

思索と遍歴

『方法序説と三試論』の初版(1637年)の扉

1　生い立ちと学生時代

†デカルトの誕生

ルネ・デカルトは、一五九六年三月三十一日にフランスのトゥレーヌ州のラ・エー（のちに、ラ・エー・デカルトと改められ、現在では単にデカルトと呼ばれる）に生まれた。デカルトはこれまでしばしば、法服貴族（これは古くからの封建貴族とちがって、官吏の役職を三代重ねて得られる貴族で、当時新たな勢力を築きつつあった）の出身と紹介されてきたが、これは『デカルト殿の生涯』という伝記を書いたアドリアン・バイエのまちがいである（この伝記は、デカルトの死後四十年ばかりたって一六九一年に出版された、全二巻の、デカルトの生涯について最も詳細に記述され、その第一の典拠となるものであるが、そのあとの伝記研究でいくつか訂正されることになった）。

デカルトの父ジョアシャン・デカルトはブルターニュ高等法院官で、祖父ピエール・デカルトはシャテルローの医師である。この祖父の義父すなわちデカルトの曾祖父はジャン・フェランといい、これも医師である。要するにデカルトは医師の家系に生まれたのである（バイエのまちがいは、同時代にトゥレーヌ地方にいた、祖父ピエール・デカルトと同姓同名の貴族と混同したことに由来する）。

デカルトの母は、彼が一歳になってまもなく、彼の弟を生んだあと（この弟は生まれて三日後に死んだ）亡くなった。デカルトは、この弟の死を知らされておらず、自分の母は自分を生んだあとになくなったと思い込んでいた。デカルトはのちに、彼の愛弟子の文通相手エリザベト王女に、「私は、私が生まれてすぐに、ある苦悩がもとで肺の病にかかって亡くなった母から生まれたので、彼女から空咳と青白い肌を受けつぎ、それを私は二十歳をすぎてももちつづけました。そのせいで、その年齢まで私をみた医師はすべて、私に若死にすると宣告しておりました」と書き送っている。デカルトは、このように、病弱に生まれ、二十歳すぎまでは、若死にするという予言のもとに生きなければならなかったのである。

†ラ・フレーシュ学院

デカルトはそこで、まず乳母にあずけられたあと、祖父のもとで育てられた。そして、病弱のために人よりおくれて、十一歳になって、一六〇七年の復活祭のときに、ラ・フレーシュ学院という学校に入り、一六一五年九月に卒業した。このラ・フレーシュ学院というのは、生地ラ・エーの近くにあって、一六〇四年に国王アンリ四世によって創設され、イグナティウス・デ・ロヨラにより設立された反宗教改革のカソリック教団イエズス会によって運営されていた、現代流にいえば中高一貫の寄宿学校である。この学校のことをデカルトは『方法序説』で、「ヨーロッパで最も有名な学校の一つ」といい、「この地上のどこかに学識ある人がいるなら、ここにいるはずだと思っていた」とのべている。

また後年、デカルトの友人が自分の息子の教育のことで彼に相談してきたときに、デカルトは彼に「哲学がラ・フレーシュ学院以上によく教えられていると私が判断するところはこの世にはない」とのべ、そこにはフランス中から多くの若者が集まっていて、旅行をするのと同様のことができ、さらに、「イエズス会士が身分の最も高いものも最も低いものもほとんど同様にあつかい、生徒たちに平等感を与えているのはきわめて優れた考案である」といっている。また、この学校の学院長は、デカルトが入ったときは、彼の親戚のシャルレ神父であった。そのおかげで、病弱なデカルトは特別なはからいをえて、個室を与えられて、そこで朝寝が許された。この習慣は、最後のスウェーデンにおける宮仕えの時期までつづいた。

このラ・フレーシュ学院での授業は、はじめに三年間の文法クラス、ついで一年間の古典文学クラスと一年間の修辞学のクラス、そして三年間の哲学クラスからなった。この最後の哲学のクラスの授業はアリストテレスの哲学体系を内実としたいわゆるスコラ哲学で、論理学、自然学、形而上学が三年間にわたってふりあてられた。このうち哲学の第一学年には数学が、第二学年には道徳が付随していた。そして毎月全員が集まって大「討論」が行なわれた。神学は形式上は一般教育のプログラムにはなく、修練士だけが哲学の勉強を終えたところで特別にその教育を受けた。このように、この学院の教育体制はスコラ哲学を中心とするものであったが、デカルトの在学中の一六一一年には前年のガリレオによる木星の衛星の発見を称えるなど、リベラルな面を備えるものであった。

このラ・フレーシュ学院での勉学について、デカルトは『方法序説』の第一部のなかで振り返り、いろいろ評価している。デカルトはまず「私は幼少のころから文字の学問で育てられ、それによって、人生に有用なあらゆることの明晰で確実な知識を得ることができると説得されてきたので、それを学ぼうという非常な熱意をもっていた」という。そして「他の人々が学ぶことはすべて」学び、教えられることだけでは満足せず、「きわめて秘術的で世に稀なものとされている学問（占星術や魔術の類い）をあつかう書物を私の手に入りえたかぎりですべて目を通した」という。実際に、デカルトは病弱で、医者から若死にを宣告されていたのであり、「人生に有用である」といいきかされることがらに必死で取り組んだにちがいない。デカルトは学校の教育に対して、まずは「人生に有用なこと」を非常な熱意をもって求めようとしたということに注目しておこう。

†学校教育の評価

そこでデカルトは、学校で学んだことがらをすべて吟味して自分の評価をのべる。まず言語について、いろいろな言語（ラテン語やギリシア語）は「古代の書物を理解するために必要である」とのべたあと、寓話や歴史について、「寓話にみられる機知は精神をよびさますもの」であり、「歴史が語る記憶すべき出来事は精神を高めるものであって、慎重に読まれるならば、判断力を形成するのに助けになる」といい、「すべての良書を読むことは、その著者であるところの、過去の世紀の最も立派な人々と会話をするようなことであり、それも彼らの思想の最良の部分のみを示してくれるよく練られた会話なのである」と評する。次に、「雄弁は比類ない強さと美しさとをもっており、詩はまことに人の心を奪う優美さと甘美さとをもっている」という。そして数学についてはここでは、それは「たいへん巧妙な工夫をもたらし、それらの工夫は好奇な人々を喜ばすためにも、またすべての技術を容易にして人間の労苦を減じるのにもたいへん役に立ちうる」とのべる。さらに「道徳を論じた書物は多くの教訓と徳への勧め」を含んでいて、これはたいへん役に立つものであり、「神学は天国にいたる途を教えるもの」であるという。そして最後に哲学については、「あらゆることがらについて真実らしく語り、学識の浅い人々から賞賛される術を与えるものである」といい、「法学や医学やその他の学問は、それを学ぶ人々に名誉と富を与える」という。

†学校教育に対する不満

デカルトは、まずはこのように、学校で学んだもろもろの学問を評価する。しかし、それでよかったというのではない。彼は以上のようにいったあとで、それらの学問の限界やそれらについての不満をのべるのである。彼はまず、語学や古い書物やそれが語る歴史や寓話に十分な時間を費やしたという。それで、前の世紀の人々と語るのは旅をするのと同じで、自国の習俗に対する見方を相対化するのに役立つが、旅に時間を費やしすぎると自分の国で外国人のようになってしまうのと同様に、過去の時代のことがらに好奇心が強くなりすぎると今の時代に行なわれていることにたいへん無知なままになるという。また、歴史は、たいてい、つまらない部分は省いてしまうので、残る部分を読んでそれを模範にして振る舞うと突飛な行動をすることになるという。古い書物の読書に埋没してしまうと現代に疎くなり、現代への感受性をなくすことになるというわけである。

次に雄弁や詩はどうか。デカルトは「雄弁を大変尊重し、詩には夢中になっていた」という。しかし彼は「雄弁も詩も、学んで得られるものというより、精神の生まれつきの才能である」として修業の対象とは考えない。それで彼は、「きわめて強い推理力をもち、自分の思想を最もよく秩序づけて、それを明晰にかつ理解しやすくできる人は、ブルターニュの海岸地方の方言しかしゃべらず修辞学を一度も習っていなくとも自分がのべることを最もよく人に納得させうるものだ」という。体裁のいい言葉遣いや雄弁術よりも、自分が考えるところを論理的かつ明晰に表現するということのほうが大事だと考えるのである。

ついでデカルトは、のちに、その分野で画期的な業績をあげる数学について語る。デカルトは、学院の時期に、「私は、その論拠の確実性と明証性のゆえに、とりわけ数学が気にいっていた」が、「しかし当時はまだそれの本当の用途に気づいていなかった」という。これは、イエズス会の教育では、数学がもっぱら道具として築城術や土地測量などの機械的技術にのみ応用されて、こののちデカルトが展開するような自然学（物理学）の数学的構成（数学的自然学の構築）に活用されていなかったことを意味する。実際に、当時までは、数学は、数論と幾何学という純粋な数学と機械学や音階学や天文学などの応用数学とにはっきり分かれていて、純粋数学によって自然学を構成するという構想は考えられず、のちにのべるように、それをまさにデカルトがガリレオとともにやりはじめることになるのである。

次に道徳についてはどうか。当時、十六世紀から十七世紀初頭にかけては、人文主義者たちによって古代のセネカやエピクテトスなどのストア派の道徳哲学がキリスト教的見地から解釈されて広められていた。デカルトが道徳ということでいうのは、これらの古代異教徒の思想のことである。これに対して、デカルトは、自分はそれらの道徳をあつかう書物を「泥と砂の上だけに建てられたきわめて豪奢で華麗な宮殿」にたとえていた、という。これは、彼らが徳を高く掲げ、世のすべてのことよりも尊いものだと思わせるが、「それをいかにして認識すべきかということを十分教えてくれない」という、不満の表明である。このことは、のちのデカルトによれば（『哲学の原理』の仏訳への序文）、道徳とは、形而上学を根とし自然学を幹とする「哲学の樹」の枝に相当するもので、形而上学と自然学という根幹から帰結するものであり、それを認識することによって獲得されるものである、ということを意味する。デカルトは、人生論風の道徳論や高尚な格率からなる道徳哲学には、その認識論的根拠がはっきりしていないとして満足できなかったのである。

次に神学についてデカルトはいう。自分は神学を尊敬し、他の人と同様に天国にいたりたいと願ったけれども、「天国への道が最も無学な人々にも最も学識ある人に劣らず開かれている」ということと、「天国に導く啓示の真理はわれわれの知性的理解を超えている」

ということを知って、それを自分の弱い推理力にしたがわせようなど考えなくなった、と。デカルトは、のちに彼の最終的な形而上学で「神の存在証明」を展開することになるが、それは、人間に与えられた理性にしたがうかぎりのもので、聖書による啓示の真理の追求とははっきり異なるのである。デカルトは神学を人間知性によって究明しようという道は放棄するのである。

最後に肝心の哲学についてはどうか。デカルトはさきに哲学は「あらゆることがらについて真実らしく語り、学識の浅い人々から賞賛される術を与えるものである」とのべていたが、ここでひとことつけくわえて、次のようにいう。哲学は幾世紀のあいだも最も優れた精神によって培われてきたが、いまだに「論争されることがなく、したがって疑う余地のないもの」は何もなく、自分が哲学で他の人よりもうまくやれるなどとは考えられなかった、と。さらに、同一の主題について、真なる意見は一つしかありえないにもかかわらず、多くの意見が学識のある人々によって主張されているので、「真実らしくあるだけのことはすべてほとんど偽とみなした」という。

†学院での「討論」

ラ・フレーシュ学院におけるようなスコラ哲学の教育での「討論」の形式とは、まずはじめにある特定の問題が提起され、ついでそれについての肯定的な意見と否定的意見が提示されたあと、それらを吟味・総合するしかたで結論がもたらされるというものである。この方法は十二世紀に確立され、今日でもフランスなどにおける学校での作文や討論の基本的な形式として受け継がれ教育の支柱をなしているものである。しかしデカルトは、これに不満であった。

バイエによれば、デカルトは、学院の時から、哲学においてある独特の方法を身につけており、彼は、討論においてある論証を提示しなければならないとき、まず名辞の定義についていくつもの要請をし、ついで、学校（スコラ）で受け入れられている原理を皆がどう解しているかを知ろうとし、さらに、皆が賛同するはずの既知の真理について承認するかどうかをたずね、こうして最後に退けるのがきわめて困難な唯一の論証をつくりあげた、という。これは、デカルトが哲学の議論においても、概念の正確な定義と原理の確実さを求め、数学における「帰謬法《きびゅうほう》」と同じような厳密さを要求したということを意味する。このような精神からすれば、スコラの議論形式はすべて「まことしやかな」議論と映ったにちがいない。それでデカルトはそれらの議論はすべて偽なるものとみなしたというのである。

しかし、このことはデカルトがすでにこの時から、スコラの哲学を全部放棄しようとしたということではない。デカルトは、一方で哲学の議論はまことしやかなものとみなしたが、他方で自分がすぐにその分野でうまくやれるとは考えられない困難な学問と捉えたのである。実際に、のちにみるようにデカルト自身、哲学の新たな構築に立ち向かうときに、自分がラ・フレーシュ学院で学んだアリストテレス・スコラの哲学をふまえ、それの徹底した批判的吟味を行なっているのである。そこでデカルトの形而上学には中世哲学の批判的改変という要素が現われることになるのである。

いずれにしてもデカルトはラ・フレーシュ学院での教育に十分に満足できなかった。とりわけ、神学は、天国へいくのに学識の有無は関係ないとして放棄し、人生論的道徳については、その認識論的根拠が確かでないとして退け、最後に、スコラ哲学の方法については、それが「真実らしい」ものにすぎず、十分に明証でないとして、これに代わるものを探求することになった。

さて、デカルトはラ・フレーシュ学院を一六一五年の九月に卒業したあと、ポアティエ大学で法学の勉強をして、そこで一六一六年の十一月にバカロレアと法学の学士号を取得している（一九八〇年代になってその学士論文が発見された）。この法学の勉強はとくに彼が積極的に選択したことではなく、貴族になるために官位を得る道を希望した父親の意向にしたがった結果である。なお、従来の伝記では、デカルトはこの時期、法学のほかに医学を勉強したということになっているが、これも誤りで、医学に積極的関心をもちだしたのは、自分の形而上学や自然学の骨格を形成したあとである。

2 志願兵デカルト

†「書物の世界」から「世界という大きな書物」へ

デカルトは、一六一八年三月末には成年の年（二十一歳）になっており、自分が進む道を自分で決定することができた。そこでデカルトが選んだのは彼の家系や父親の意向に反して志願兵として軍隊に入ることであった。この点についても、デカルトを法服貴族の出身であるとみなしたバイエは、彼が軍隊に入ったのは、当時の貴族の習わしであったと解しているが、実際は、彼は自らの個人的な決断で軍隊に入ったのである。デカルトは彼の家系や父親が期待する世間的栄達の道を排して、自分の意志で軍人になったのである。そして、軍人としての訓練をへて、現実の世界に身を投じるのである。

このところをデカルトは『方法序説』で次のようにいっている。

「こういうわけで、成年に達して、自分の先生への従属から離れるやいなや私は、書物の学問をまったく放棄したのである。そして、私自身のうちにみいだされうる学問、あるいは世界という大きな書物のうちにみいだされうる学問のほかはもはやいかなる学問も求めまいと決心して、私は私の青春時代の残りを用いて、旅をしたり、あちらこちらの宮廷や軍隊をみ、さまざまな気質や身分の人々と交際して、さまざまな経験を重ね、運命が私にさしだすいろいろな遭遇のなかで自分を試し、そうして、いたるところで、自分の前に現われる物事について反省をし、それから何らかの利益を得ようとしたのである」。

ちなみにデカルトはこのころには生来の空咳と青白い顔色は治っていた。そこでデカルトは、「書物の世界」から「世界という大きな書物」へと眼を転じ、現実の世界の中でさまざまな生の経験に身をさらすことになるのである。

この「書物の学問」と「世界という大きな書物」のちがいについてデカルトは次のようにいっている。

「各人が自分にとって大切で、判断を誤るとそのあとすぐにその結果によって罰せられる事柄について行なう推理においては、学者が自分の書斎で何の結果も生まない（中略）思弁について行なう推理におけるよりも、ずっと多くの真理に出会えるように思われる」。

そしてつづけて「こうして私は、私の行動においてははっきりとみ、確信をもってこの生を歩むために、真なるものを偽なるものから分かつ術を心得たいという極度の熱意を常にもった」という。この「私の行動においてはっきりとみ、確信をもってこの生を歩む」というのがデカルトのこの後の人生の指針となる。

†ベークマンとの決定的な出会い

デカルトが一六一八年に志願兵として参入したのは、オランダのブレダにあった、当時のヨーロッパで最も優れた、ナッサウ公マウリッツ（彼は同じ年の二月に兄の死によりオラーニェ公〔オレンジ公〕となり、自身が数学者で軍事技術の専門家であり、政治家にして軍人であった）の軍事学校であった。このブレダにおける滞在でデカルトはその後の彼の学問的方向を決定することになる事態を経験する。それは、その年の十一月に、偶然に、オランダ人の自然学者イサーク・ベークマンと知りあい、彼と意気投合して共同研究を行なったということである。ベークマンは、この時三十歳で、フランスのカーン大学で医学博士号を取得したばかりであり、ほとんど独力で自然学と数学とを結合しようという企てを行なっていた。この彼の構想に接したことがデカルトのそのあとの学問研究に決定的な意味をもつことになるのである。

その点に関することですこし、当時の自然学（物理学）の状況についてふれておくことにしよう。自然学は、十六世紀から十七世紀にかけては、全般的には、いまだにアリストテレスの自然学の支配下にあったが、十六世紀の後半から古代のアルキメデスの科学が吸収されはじめ、これがこの分野での新しい動向を促していた。アルキメデスの科学は、数学が、一般に、永遠の観想的学問ないし抽象的で非現実的な学問とみなされていた古代ギリシアにあって、「梃子《てこ》」や「釣りあい」や「浮力」といった地上の現象に数学を適用し、そこから有用な帰結をひきだすという点で例外的なものであった。それが、中世からルネッサンスにかけて、アリストテレスの学問体系やプラトンの思想がヨーロッパに紹介され吸収されたあと、ようやく十六世紀の後半になって本格的に修得されはじめることになったのである。その動向の推進者にオランダにはシモン・ステーヴィンという数学者で自然学者でもある人物がいた。ベークマンは彼を中心とする動向に接しており、アルキメデスの科学的構想にふれていたのである。またベークマンは彼自身、古代の原子論に共感し、これをキリスト教の創造論のなかに包み込んで自然全体を理解するという独自の自然哲学を抱いていた。

デカルトはこのベークマンに偶然知りあった結果、数学と自然学とを結合するという構想にふれ、また自然全体をどう理解するかということに問題意識をもつことになる。彼はそこで、ベークマンと一緒に「物体の自由落下」の問題や、ステーヴィンによって提示された流体力学の問題に取り組む。その形跡が当時の彼の断片『物理数学』や『思索私記』に残されている。ついでにいえば、「自由落下」の問題の取り組みにおいてデカルトは、ベークマンの、真空中では物体は慣性運動をつづけるとする概念（ただし慣性運動は円運動とも直線運動ともいわれていない）にしたがって取り組んでいるが、その解はまちがったものであった。ところが共同研究者のベークマンの解は正しかったのである（この点は、現代の科学哲学上の論点の題材となっている）。ベークマンはガリレオよりもまえに「自由落下の法則」の定式化に成功していたのである。しかし、ベークマンはそれを自分の日記（『ベークマンの日記』）にだけ記して生前は公刊しなかった。それでこの法則の発見の栄誉はガリレオに帰されることになったのである（これは『新科学対話』〔一六三八年〕において提示される。なお、このガリレオにおいても、彼の科学上の業績にはアルキメデスの科学からの影響が決定的な役割を果たしている）。デカルトはこうしてベークマンから決定的な影響をうけ、その年の大晦日には、新年の贈り物として自作の『音楽提要』をベークマンに捧げている（このデカルトの最初の著作である音楽論はのちに作曲家ラモーに影響を与えた）。

さて、デカルトは、この一六一八年から一六一九年の冬にかけては数学の研究に没頭し、そこで画期的な展望を得た。それは「連続量、非連続量を問わず、どんな類の量のものであれ、与えられうるすべての問題を一般的に解きうるまったく新たな学問」を考案しうるというものである。ここで連続量というのは、古来、幾何学の量を意味し、非連続量というのは数論の量を意味する。したがって、連続量と非連続量を問わず一般的に解きうる学問とは、幾何学と数論を統一的にあつかう学問ということであり、これは次にふれる「デカルトの夢」をひきおこし、また、のちにあらためてその意味を詳しくとりあげるが、『精神指導の規則』における「普遍数学」として、さらには一六三七年の『幾何学』において「解析幾何学」として結実をみるものである。

†旅立ち

デカルトは、オランダで軍人の訓練をうけながら、このようにベークマンとの共同研究や数学の研究を行なった。そのあと彼は、一六一九年の四月には、オランダを離れ、運命が差し出すさまざまな経験に文字どおりさらすべく、前年の一六一八年に勃発したばかりの「三十年戦争」に引かれてその戦場のドイツに渡る。その途上の船旅で、客がデカルトと彼の従者二人だけになり、デカルト主従は船頭どもの追いはぎにあう。バイエによればデカルトはそのとき(彼自身はその事件をその後のオランダへの帰路のこととしているが)、その者どもに彼らの言葉で有無「突然思いもよらぬ威厳をもって剣を抜きはなち(……)、その者どもに彼らの言葉で有無をいわさぬ調子で語りかけ、彼らを、あえて無礼を働くならばその場で刺し殺さんばかりに恐れさせた」。そしてバイエの注釈には、「デカルト殿は、この事件によって、一人の人間の大胆さが卑しい魂にどんな影響を及ぼしうるかということに気づいた」とある。

このような旅のあとデカルトは、フランクフルトでドイツ皇帝フェルディナント二世の戴冠式をみ、ついでおそらくバイエルン公の軍隊に合流しようとして旅をつづけたが、冬の到来のためにドナウ河畔のノイブルク公国のある村にとどまり、そこで思索にふけることになる。その時の事について、デカルトはまず、数年来の「世界という書物」における「経験」をふりかえって、「私が他の人々の行動を観察するのみであったあいだ、私に確信を与えてくれるものはほとんどみいださず、かつて哲学者たちのもろもろの意見のあいだにみいだしたのとほとんど同じだけの多様性を認めた」といい、そこで「私が先例と習慣だけによって確信していることは何事もかたく信ずるまいということを学んだ」という。デカルトは「書物の世界」をすてて、「世界という大きな書物」に現実の真理を求めたのであるが、そこでみいだしたのは、哲学におけるのと変わらぬ多様性のみであった、というのである。これは、現代風にいえば、文化の多様性ないし相対性を認識したということである。そこで、デカルトはいう、「ある日、私は、自分自身をも研究しよう、そして自分がしたがうべき道を選ぶために私の精神の全力を用いようと決心した」と。デカルトはこうして、まず学校で「書物の世界」を走破し、ついで「世界という書物」を探索したのち、結局、自己の世界にもどることになるのである。そこで思索に没頭した結果、彼は、伝記作家やデカルト解釈者の興味をひきおこすことになる「デカルトの夢」をみる。

3 「デカルトの夢」と炉部屋での思索

†デカルトの夢

そのときの事情について『方法序説』でデカルトは、「そこには私の気を散らすようなどんな会話もなく、また幸いなことに私を悩ますどんな心配も情念もなかったので、私は終日炉部屋にただひとりとじこもり、思う存分自分の考えにふけることができた」と語っている。そこでバイエによると、その後失われた『オリンピカ』という手記に、デカルトは、「私は一六一九年十一月十日、霊感に満たされ、驚くべき学問の基礎をみいだしつつあったとき」に一晩で三つの夢を次々にみたと記していた。

それによれば、最初の夢では、亡霊に脅かされたり、渦巻きの中に巻き込まれてきりきりまいさせられるような夢をみ、次の夢では、電光の一撃と思われるものに打たれ、我に帰ると部屋は閃光に満ちていた、という。ついで、第三の夢には、ある辞書（あるいは百科全書）が現われ、さらにおそらくデカルトがラ・フレーシュ学院のときに読んだ『詩人集成』のなかから蘇ったものと思われる、ローマの詩人アウソニウスの「私は生のいかなる途にしたがうべきか」という詩句が登場した、という。これらの夢のうち最初の二つは精神的な格闘を示すものとみられ、第三の夢は、バイエの報告によれば、デカルトがその夢によって、「真理の霊が彼に全学問の宝庫を開示しようと欲した」と確信したものであるという。

これらの夢は、「夢」であるという性質上、その細部に立ち入ってその意味を確定するというわけにいかないものであるが、その核心は次のようなことであると考えられる。それはまず、彼に精神の高揚と霊感をもたらし「三つの夢」をひきおこした「驚くべき学問の基礎」というのは、直接的には前にふれた「数学の統一」を意味し、それが彼に、諸学問の新たな統一的構築をもたらしうるという野望を抱かせたということである。デカルトが最後にスウェーデンに赴きそこで死んだとき、その世話をしたのは、スウェーデン大使のシャニュという人物であったが、彼はデカルトの墓碑銘に次のように刻んでいる。「そして、冬の休息の折に、彼（デカルト）は、自然の神秘と数学の法則とを結び合わせることによって、同じ鍵で両者の奥義を解明しうるものとあえて期した」と。

デカルト自身、『方法序説』では「夢」の具体的内容自体については何も語っていないが、終日炉部屋にただひとりとじこもり、自分の思索に没頭したときの内容について次のようなことを書いている。

多くの部分から組み立てられ、いろいろな親方の手になる作品は、しばしば、ただ一人によって仕上げられた作品におけるほどの完全性はない。それはちょうど、ただ一人の建築家によって企画され完成された建物が、多くの建築家によって古い城壁を利用したりして作られたものよりも見事であり、また一人の技師によって平原に作られた城塞のほうが、はじめは村にすぎなかったが時がたって大きくなった古い都市と比較して立派であるのと同様である。それはまた、犯罪や争いの煩わしさに応じて法律をつくってきた国民は、ある賢明な立法者がつくった憲法を守ってきた国民ほどにはよく治められていない、のと同様である。そこで、もろもろの学問も同じであって、その根拠が蓋然的なものにすぎず、何の論証ももたない学問は、多くの異なった人の意見から徐々に組み立てられ大きくなったものであるから、これは、「一人の良識ある人間が、提示されることがらについて生まれつきの能力でなしうる単純な推理ほどには真理に近くはありえないのである」。いいかえれば、この「夢」の意味するところは、デカルトが、「数学の統一」という着想を契機にして諸学問の体系的構築という構想を抱き、その「夢」でその構築を自分一人の手でやりとおしうるという確信を真理の霊から吹き込まれたということなのである。

†思想の革新と国家の革新

ところで、この、数学の統一を起点として全学問を新たに再構築しようという構想について デカルトは『方法序説』である釈明を行なっている。それは、この構想とそれを実現する仕事というのは自分にだけかかわっていることであって、先の比喩から思いつかれるような、一個人が一国の全体をその土台からくつがえして建てなおすというようなことを主張しているのではないということである。デカルトによると、国家というような大規模な集合体は、いったんこわされるとそれを建てなおすことは非常にむずかしく、その倒壊はたいへんひどい事態をもたらさざるをえず、その不完全性についても、それは慣習によって和らげられ、またそれによって、われわれが知恵をしぼってもそうは備えられないほどうまく除去されたり修正されたりもしているのである。

そこで、彼は当時の政治や宗教の革命的争乱の状況を念頭において、「私は、生まれついた身分からいっても、その地位からしても公事にかかわることを求められていないのに、いつも頭のなかで、なにか新たな改革を考えることをやめない、人騒がせで落ち着きのない気質の人々をどうしても是認しえないのである」という。デカルトは当時のヨーロッパの政治的・宗教的動乱の状況にあって軽々しく革命を唱える人々には批判的なのである（この点については、のちに「仮の道徳」のところでふれるが、当時はまだ全ヨーロッパが宗教戦争の渦中にあったことを想起しなければならない。なお同時代のイギリスのホッブズにとっても、内乱が人間のあらゆる悲惨のなかで最たるものであり、それを避けるということが彼の政治哲学の第一の動機であった）。

これに対してデカルトはいう。「しかしながら、自分がこれまで自分の信念に受け入れてきたすべての意見については、一度きっぱりと、それをとり除こうと企てること、そしてそのあとでよりよい他の意見をとりいれるか、あるいは同じ意見でも理性の水準に正しく適応させたうえでとりいれるということよりもよりよくはなしえない」のである。そして「私の計画は、私自身の考えを改革しようと努め、まったく私だけのものである土地の上に家を建てようとすること以上に拡がったものではない」のである。このように、デカルトは、現実の世界の政治体制や組織の革命的改変は是認しないのであるが、みずからの精神の全面的な自己改革を企て、それによって諸学問の体系的改革を志すのである。そうして、そのことによって思想史上の革命をもたらすことになるのである。

4　方法

一六一九年の冬にこのような野望を抱いた結果、デカルトは、『方法序説』の叙述によると、「私はただ一人暗闇のなかを歩むもののように、ゆっくりと行こう、そしてすべてのことがらに細心の注意を払おう」と決心し、「それに先立ってまず十分な時間を費やして、自分の企てる仕事の計画を立て、自分の精神が受け入れうるあらゆることがらの認識に達するための真の方法を探究しようとした」という。そこで有名な「方法の規則」を提示することになる。

†三段論法

その方法の規則をデカルトは、論理学と数学のなかの幾何学の解析と代数とを批判的に吟味し、それによってまとめたという。まず、論理学について、「それの三段論法やそのほかの大部分の教えは、ものを学ぶためよりは、自分が知っていることを他人に説明するため」か、あるいは「自分の知らないことについて、何の判断もせずにただ話をするということに役立つものである」という。

デカルトはラ・フレーシュ学院での哲学の第一学年において論理学を学んでいるが、当時の論理学とはアリストテレスの三段論法であり(十九世紀の終わりから二十世紀にかけてフレーゲやラッセルによって記号論理学が形成されるまでそうである)、典型的な例をあげれば、「すべての動物は死すべきものである」、ところで「すべての人間は動物である」、ゆえに「すべての人間は死すべきものである」といった推論で、すでに知られているか、あるいはそう想定されている一般命題から結論を形式上整合的にひきだすものである。これは、しかし、デカルトによれば、新たな知識を与えるものではなく、自分の知らないことについて何の判断もせずにただ話をするという点で判断力を鍛えるものではないのである。

†古代人の解析と近代人の代数

そこでデカルトが方法の範としてとりあげたのが、「古代人の解析」と「近代人の代数」にみられる「分析」の方法である。それは、求める図形を既知と仮定し、それを限定する条件を求めていくという方法で、まず古代ギリシアの幾何学者たちが、「証明(総合)」を始めるまえに、与えられた条件を満足する図形を発見する「解析」の手続きとして展開していたものである。デカルトはこれをディオパントスやパッポスの数学のうちにみいだしている。この「解析」の方法が、アラビアより導入された「代数」に応用され、求める解を既知とみなして方程式を組み立てるという操作が、デカルトより少し前の数学者ヴィエトによって発展させられていた。これがデカルトが「近代人の代数」と呼ぶものである。デカルトはこの二つの数学的手法のうちに「方法」の範をみいだそうとしたのである。

しかしデカルトは『方法序説』でこれらの数学についても不満を表明する。それは第一に「古代人の解析」については「図形の考察にいつも縛られていて想像力をひどく疲れさせることなしには知性を働かせえない」ということである。これは作図あるいは補助線の考察が偶然にまかされていて、答えの発見のための統一的方法がないということを意味する。第二に、「近代人の代数」についていえば、「人はある種の規則や記号にひどく拘束されていて、それを、精神を育てる学問どころか、精神を当惑させる混乱した不明瞭な術にしてしまっている」ということである。これは、当時は量の表現の記号化が推し進められていた時代であったが、いまだに一つの式に記号と文字とが混在したりして、記号表現上の洗練がなされていなかったということを意味する。こうした方法論的考察からデカルトは、その核心をとりだして、「あらゆることがらの認識に達するための真の方法」として次の四つの規則をたてる。

†「方法」の四つの規則

第一は「私が明証的に真であると認めないかぎりはけっしていかなるものも真として受け入れないこと。すなわち、注意深く即断と偏見とを避けること。そして私がそれを疑ういかなる理由ももたないほどに私の精神に明晰かつ判明に提示されるもの以外は何ものも私の判断のうちにとりいれないということ」。

第二は、「私が吟味する困難な問題のおのおのをできるかぎり多くの、しかもそれを最もよく解くために要求されるだけの数の小部分に分割すること」。

第三は、「私の思想を順序にしたがって導くこと。最も単純で最も認識しやすい対象から始めて、すこしずつ、いわば段階を踏んで、最も複雑なものの認識にまでのぼってゆき、しかも自然なままでは相互に前後の順序をもたない対象のあいだにさえも順序を想定して進むこと」。

第四は、「何ものも見落としてはいないと確信しうるほどに完全な枚挙と全体にわたる通覧とをいたるところで行なうこと」。

以上が、デカルトが「あらゆることがらの認識に達するための真の方法」として立てた規則である。これらは通常、それぞれ、「明証の規則」、「分析」、「総合」、「枚挙」と略称される。このうちはじめの「明証の規則」は、「明晰判明なもののみを真とすべし」という真理の規範を示すと同時に、「疑う理由が少しでもあるものは判断のうちにとりいれてはならない」という精神的自己改革を意味している。これは、のちにあらためて詳しくとりあげるデカルトの最終的な認識論の核となる考えである。第二の「分析」は、困難に面してそれを一挙に解こうとするのではなしに、それをまず必要なだけの単純であつかうのが容易な小部分に分割せよということを指示している。第三の「総合」は、分割によって得られた単純かつ容易なものから、順序にしたがってそれらを複合するという手続きを指令している。ここで、「自然なままでは前後の順序をもたない対象にも順序を想定して」複合しなければならないといわれていることにとくに留意しなければならない。デカルトのその後の学問論や知識論において、この「順序の人為的想定」ということが大きな役割を果たすのである。最後の「枚挙」は、分析され総合された知識の連結の全体的把握を意図している。

†「方法」の意味

このデカルトの「方法」に接して、読者には、これはごくあたりまえの心得をいっているにすぎず、これが諸学の再構築のための「真の方法」であるとはどういうことなのか、と思う人がいるかもしれない。実際に、これらのどの規則をとっても、客観的指標を示すものは何もなく、また明確な形式の体裁をとっていない。これはしかし、デカルトの、もろもろの学問の体系についての理解に呼応するものである（彼はそれを自分一人で再構築できるという確信を抱いている）。デカルトが『方法序説』でこの方法を提示したあとのべているところによれば、人間が認識しうるあらゆることがらは、幾何学において、まったく単純で容易なもろもろの論拠の長い「連鎖」から最も困難な証明がなされる場合のように、互いにつながっているのであり、あるものを他のものから演繹するのに必要な「順序」を守りさえすれば、どんなに遠く隔たったものにも到達できるのである。あるいは、『精神指導の規則』（これは、あとでとりあげるが、デカルトが一六二八年に学問体系の最終的な構築のためにオランダに移住する時までに書き綴られた、学問の方法論を主題とした未完の著作である）によれば、「あらゆる学問は人間的知恵にほかならないものであり、この人間的知恵は、どんなに異なった事象に向けられてもつねに同一なまま」なのであって、諸学問の探究はむしろこの「普遍的知恵」つまりは「良識」の開発こそを目的とするものでなければならない。とすれば、そのための「方法」は、多くの形式的規則によって精神を拘束するものではなく、あらゆる学問領域に臨機応変に活用しうるものでなければならない。デカルトにおいて、学問探究の「方法」がわずか四つの平明な規則に集約されるのは、このような彼の考えによる。

†「方法」の実践

ところで、「方法」がこのように、わずか四つの平明な規則から構成されているものでなければならないにしても、それが実際に学問的探究上で普遍的な有効性をもつということが示されなければならない。とりわけ、それが幾何学と数論の方法的考察からひきだされたのであるから、その分野での有効性が確証され、鍛えあげられなければならない。

そこでデカルトは、『方法序説』の叙述によれば、数学の諸問題の解決にこの方法を適用し、そこで、第一に、数学がかかわる学問にはさまざまな特殊な分野があるが、それらは対象においてみいだされるさまざまな関係すなわち「比例」のみを考察するということで一致していることに気づき、その認識が容易な領域で「比例」のみを一般的に吟味し、それを他の領域にも適用したという。これは、すでにふれた、『精神指導の規則』における「普遍数学」の理念にかかわることがらである。ついでデカルトは、それらの比例を、一方で、個別的によりよく考察するために、最も単純な数学的対象として「線」によって規定するとともに、他方で、それらの比例の多くを一度に把握するために、できるかぎり短い「記号」によって提示しようとしたという。この、比例関係を一方で幾何学上の線で表わし、他方でそれを代数上の記号で表わすという思想は、先にふれた「連続量」と「非連続量」を問わずあらゆる問題を一般的に解こうという構想を具体化させるものであり、これもすでにふれたように、『幾何学』における解析幾何学へと発展するものである。

そこで、デカルトは、『方法序説』で、このごくわずかな方法の規則を厳密に守ることによって、幾何学的解析と代数の二つの分野のあらゆる問題をたやすく解く能力を獲得し、これらの分野の吟味に費やした二、三カ月のあいだに困難な問題を次々と解決して、未知の問題についてもその解決の展望を得たという。こうしてデカルトは、彼の「方法の規則」の有効性を純粋数学の分野で確かめそれを推進することになる。

そこで確認しておくならば、その方法の適用は、第一には、数学の諸問題を単純な比例関係へと分割・還元すること、あるいは数学的表現を最も単純な数学的対象としての線や代数記号に帰着させ、それによって逆にもろもろの複雑な関係を総合するという手続きにみられる。第二に、それは、問題を既知の部分と未知の部分へと分解し、未知の部分をそれに関して「求められるすべての条件を枚挙すること」によって解決しようという点に認められる。さらに、これらの手法にもとづく解析幾何学においては、幾何学上の問題は、代数上の方程式の関係に帰着され、方程式の両辺の同値関係が保証されることから、作図や補助線の考案に悩むことなく一律的に解かれることになる。こうして、デカルトは、自分の方法の有効性を確認し、それの他の学問に対する普遍的有効性を確信することになるのである。彼はしかし、すぐにそれらに手をつけることをせず、とりわけ、他の学問はその原理を哲学から借りていること、そして哲学についてはまだ何も確実なものをみいだしていないという自覚から、当時二十三歳であった彼は、「もっと成熟した歳に達するまでは、そういうことに決着をつけようと企てるべきでない」と考え、なお九年を、自分の誤った意見を根こそぎしながら、多くの経験を重ね、自分を自分が課した方法によって鍛えあげることに費やすのである。

5　仮の道徳

†「仮の道徳」の必要性

このようにデカルトは、一六一九年の冬に、諸学を自分一人の手で新たに構築しようという野望を抱き、それを実現するための「方法」を設定して、それにしたがって、その野望を実現するに足るだけの理性の開発に時間を費やそうとした。しかし、ここで問題がある。それは、先にのべたように、デカルトは自分が学院で教わった道徳は、その認識論的根拠がしっかりしない砂上の楼閣であるとみなし、道徳は、堅固な哲学すなわち形而上学と自然学にもとづくものでなければならないと考えたのであるが、しかし、十分に成熟した年齢に達し、そのような堅固な哲学を築いて、そこから道徳をひきだすまでのあいだも世間で生きなければならない、ということである。いいかえれば、一方で哲学に関しては何一つ確実なものはみいだしえず、したがってそこからひきだされるべき決定的な道徳はもちえないのであるが、他方でそのあいだもできるだけよく生きなければならない。

そこで、デカルトは、そのための生き方の方針を定めなければならず、しかもそれは将来における決定的道徳の設定を妨げることのない暫定的なものでなければならない。それが、『方法序説』の第三部で提示される、「仮の道徳」と呼ばれるものである。これは、普通は誰しもそうであるように、若いときから決定的な道徳的方針をもって生きたいのであるが、しかし、それを確信をもってもちえないときにどう生きるべきか、という問題にこたえる知恵ともいうべきものである。そのデカルトの「仮の道徳」は三つの格率からなる。

†保守主義と中庸

第一は、「私の国の法律と習慣とに服従し、神の恩寵により幼時から教え込まれた宗教を絶えずもちつづけ、他のすべてのことがらにおいては、私が共に生きてゆかねばならない人々のうちで、最も分別ある人々が普通に実際に受け入れている、最も穏健で極端からは最も遠い意見にしたがって、自分を導くということ」である。

これは、文面だけからすると、現代の民主主義国家に生きるものからすれば、いかにも保守的で体制順応的な見解に思われるが、これには注釈が必要である。それは、すでにふれたように、当時はヨーロッパ全体が宗教戦争にまきこまれており、宗教の名のもとに殺戮がくりかえされていた状況にあったということである。しかも、もちろん、現代のように、言論の自由を保証する民主主義が成立していたわけではない。そこで政治体制や宗教上の変革に加担するということは、当時にあっては、自分の身全体がそれに左右されるということを意味する。ところが、デカルトが企てるのは、諸学の新たな構築という精神上の革命であり、それにこそ専念しなければならない。そのためには自分の精神の自由を確保しておかねばならない。そこで、政治や宗教の変革に加担してそれに拘束されることは、デカルトにとっては、自分の志を無に帰することに等しく、この格率が示す保守主義は、自分の精神上の革命の実現のためのいわば防御策なのである。

そこでデカルトは、この格率についていくつかの説明をつけている。

その第一は、分別のある人々の意見にしたがうといっても、その場合、「彼らが口にすることよりは、彼らが実際に行なっていること」に注目すべきであるということである。人の分別の有無は、その人の言説よりも実際の行動によって判断しよう、ということである。

第二は、「最も穏健な意見」にしたがうというのは、「あらゆる極端なものは悪いのがつね」であり、穏健な意見にしたがうほうが、自分がまちがっているとした場合に、真の道からそれだけそれなくてすむ、ということである。それでデカルトは、「自由をいくばくか奪うことになる約束」ということを「極端なこと」に数えたという。ただし、この場合の「約束」というのは、誓いや契約に関する法律などを意味しているのではなく、自分の精神上の自由を拘束することになる、政治や宗教上の党派に属するということである。それは、事の善悪がはっきりし、自分の意見を改めなければならないというとき、それを妨げることになる。それは、自分の判断をますます完全なものにしようという元来の意図に反することなのである。

†決断

第二は、「私の行動において、できるかぎりしっかりした、またきっぱりした態度をとるということであり、どんなに疑わしい意見にでも、ひとたびそれをとると決心したからには、それがきわめて確実なものである場合と同様に、変わらぬ態度で、それにしたがう、ということ」である。

この格率の意味をデカルトは、森で道に迷った旅人にたとえて説明する。彼がいうには、旅人が森で道に迷った場合、あっちこっちへと方向を変えて迷い歩いたり、同じ場所にとどまるべきではなく、はじめは偶然に選んだにしてもつねに同じ方向にできるかぎりまっすぐに歩くべきである。というのも、それによって望むところに達しなくても、少なくともどこかに辿りつき、それは森のまん中よりはましだからである。それと同様、実生活の行動は猶予を許さないものであるから、最も真なる意見をみきわめることができない場合には、最も蓋然的なものにしたがわざるをえないが、そのこと自身はきわめて確かな真理である。また、どちらの意見がより蓋然的であるかが分らない時でも、どちらかをとることは決心せねばならず、そのあとは、実践に関するかぎりは、それを疑わしいものとしてではなく、きわめて真で確実なものと見なさなければならない。なぜなら、われわれにそうするように決心させた理由は真で確実だからである。このように、デカルトによれば、実生活においては、つねに最も真な意見をとるという猶予はありえず、最も蓋然的なもの、あるいは、選択肢の一つを選ぶということで切り抜けざるをえないが、そのこと自身は「極めて確実な真理」なのであるから、その選択の結果がどうであろうとも、その「決断」

自体において満足しうるのであり、道徳的にはそのことこそが大切なのである。デカルトは、この格率によって、「不決断」に由来する「後悔」や「悔恨」のすべてから脱却しえたという。こうして、彼は、「仮の道徳」の第二の格率として「決断」をあげるのである。

†ストア的禁欲

第三の格率は「つねに運命よりはむしろ自己に打ち勝つことに努め、世界の秩序よりも自己の欲望を変えることに努めること。そして、一般的にいって、われわれの力が完全に及ぶものとしてはわれわれの思想しかなく、われわれの外なるものについては、最善をなしてなお、なしとげえぬことはすべて、われわれにとっては、絶対的に不可能であると信じる習慣をつけること」である。

これは古代のストア派の哲学者とくにエピクテトスが説いたことであって、彼は「われわれに依存するもの」と「われわれに依存しないもの」とをみきわめ、「われわれに依存するもの」としてはわれわれの考えや欲望以外にないとみきり、そのことによってわれわれの力に依存しない名誉や富や健康といった外的な事物への執着を断ち切ることができると考えた。デカルトはそれを取り、運命や世界の秩序を「必然」とみなし、それを変えようとするのでなく、外的事物に対する自己の欲望のほうを変え、自己に打ち勝つことを生き方の格率にする。そして、第二の格率において、蓋然的な意見でもいったん選んだからにはそれをきわめて真で確実なものとみなすという場合と同様に、最善をなしてなお成しとげえぬ時には、それを「絶対的に不可能」なこととみなし、そのことへの執着を全面的に断ち切ろうというのである。

†哲学への決意

デカルトが、決定的道徳に至るまでの「仮の道徳」としてみずからに課したのは以上の三つの格率である。そこでデカルトは、この道徳の結論として、世のさまざまな仕事のうち最も良いものを選ぼうとして、自分としては次の仕事、すなわち「自分の全生涯を自分の理性の開発に用い、みずからに課した方法にしたがって、真理の認識においてできるかぎり前進すること」を選ぶと決意する。これは、前にのべた普遍的知恵としての理性の開発すなわち哲学こそが最善の仕事であり、それを自分は選ぶという決意の表明である。デカルトは、そのあと、先の三つの格率が、じつは、自分自身を教育しつづけようという自分のこの計画にもとづいたものであると認めている。実際に、第一の格率は、自分の理性の開発に邁進するために必要な精神の自由と、より真なる意見に出くわしたときに自分のそれまでの意見を修正する余地とを確保するための方策である。第二の格率は、理性の開発の推進を最も妨げることになる実生活における不決断とそれに由来する後悔と悔恨とを排除するための方策であり、また行為における合理的決断力の強化を図る道徳的根拠を示すものである。最後に、第三の格率は結論に直結する。すなわち、運命や世界の秩序よりも自己の外的な事物への欲望を変え、自己に依存するものは自分の思想をおいてほかにないとみきわめることは、そのような自己の思想あるいは理性の開発こそが最善の途であるという決意に直結する。これは、運命や世界の秩序を科学的必然性のもとに理解し、これに自由意志を核とした精神を対峙させて道徳的自己改革をはかるとするデカルトの最終的な立場に発展することになる。

6 諸国遍歴と修業

†諸国遍歴

デカルトは、『方法序説』によれば、以上のような「方法」と「仮の道徳」を設定したあと、炉部屋にこれ以上とじこもっているよりは、人々と交際するほうがうまくやり通せると考えて、その冬、すなわち一六二〇年の冬がまだ終わらないうちに再び旅に出た。そして、それに続くまる九年間、世界のあちこちをめぐり歩き、「そこで演じられるあらゆる芝居において役者であるよりは見物人であろうと努めた」という。そして、自分の精神に忍び込んでいたあらゆる誤謬を根こそぎにしていくとともに、多くの観察と経験を重ねていき、他方で自分に課した方法を数学やそれと同じ類の学問に適用して精神を鍛えたという。

実際に彼はそのあと、その経路はわかっていないのであるが、二年間あちこち旅し、一六二一年から一六二三年にかけてはフランスに滞在し、その後は今度はイタリアに行って二年間あちこちを回っている。そして一六二五年にはパリに戻り、そこでは、ゲ・ドゥ・バルザックなどの文人や、メルセンヌ、ミドルジュなどの科学者、さらにはジビューフなどの神学者と交際しながらさまざまな経験を重ねている。そして、デカルトは、その間も自分の計画をもちつづけ、「書物を読んでばかりいたり、学者のもとを訪れてばかりいたとした場合よりもおそらくよりいっそう真理の認識において前進しえた」という。

†決闘

そこで、この時期のことについて、その詳細は分っていないが、伝記が伝えたり記録が示すことがらからいくつか特記すべきことを紹介しておこう。その一つは、すでにひとことふれた、船旅で追いはぎを屈服させた話とならんでデカルトの武断ぶりを示す逸話である。それによると、この時期に（おそらくイタリア旅行のあと）、デカルトは、後にデュ・ロゼー夫人として知られることになる女性とつきあいがあり、この女性は、彼に美しくないと思われていたわけではないが、彼は彼女に「真理の美に匹敵する美はまったくみあたらない」といっていたという。そして彼女は、デカルトが求愛したのは自分だけだということをつねに誇りとし、次のような出来事をよく語っていたという。すなわち、ある日、デカルトは、彼女のお伴でパリから帰る途中、オルレアン街道で、恋敵にうってかかられたが、敵の剣を奪いとって、それを彼に返し、「君の命があるのは、いま君自身が命をかけたこの夫人のおかげなのだ」といって彼の命を助けた、という。

さらにデカルトは、おそらくこの時期に、『剣術』という、のちに散逸した論考を書いている。バイエによると、それは大半が彼自身の経験にもとづいて書かれており、二部からなって、第一部では、相手との間合いが長い場合にいかに相手の攻撃に備え優位を引き出すかということと、相手との間合いが短い場合にはいかに相手に処しうるかが示され、第二部では、相手との間合いが短いとして、まず背丈と力と剣が同等の場合を、ついでそれらが同等でない場合を想定して、いかに振る舞うかが論じられているという。

†「屈折の法則」の発見

この時期には、このようなデカルトの武断を示す話に加えて、学問上の業績がある。それは、入射角の正弦と屈折角の正弦の比が一定であるという「屈折の法則」の発見である。これを彼は一六二八年末に言明している。この法則は普通「スネル（スネリウス）の法則」といわれており、実際にスネルはこの法則を一六二六年に彼が亡くなるまえに発見していたのであるが、それが公表されるのは一六三二年のことであった。ところが、デカルトは、それ以前にこの法則を独立に発見しており、それを一六二八年にオランダに到着していた時点でベークマンに正確に言明していたのである。

†枢機卿ベリュルの励まし

デカルトは、このような武断の人としての逸話や学問上の成果を残しながらこの時期をすごした。そこで最後に、デカルトがこのような遍歴と修業の時代をすごしたあと、いよいよ学問体系の新たな構築に向かうことになる契機となった逸話にふれておこう。

それは、一六二七年の十一月のことと推察されているが、パリの法王大使邸で、シャンドゥなる人物の、学校で通常教えられる哲学を排して新しい哲学を打ち出すとする講演会が行なわれた際のことである。それにデカルトも出席したのであるが、出席者の大半がその講演に魅了されて拍手喝采であったが、デカルトのみが満足の気配をみせなかった。そこでその場にいた枢機卿のベリュル（オラトワール修道会の創立者で当時の宗教界の有力者）がそれに気づいて彼に意見を懇請した。そこでデカルトはまず、この人物の雄弁とスコラ哲学の批判にも同意したが、そのうえでその講演をとらえて、いかに「真実らしさの力」が「真理」にとってかわるものであるかを指摘した。それを立証するためにデカルトは、一座の一人に、彼には真と思われ、議論の余地のないものに数えられるものをいわせ、それが結局は偽であるということを一座の人々に証明してみせた。そして、講演者の称する新哲学も、言葉じりが変わっただけでスコラ哲学とほとんど同じであると主張した。そこで最後に、一座の人々すべてに、あまり学識のない人々の精神に対して「よく推理する術」というものが何をなしうるかを告白させ、そうして、彼自身の原理が、それまで受け入れられたスコラのものよりも、いかによく打ち立てられ、より真実でより自然なものかを示した。それに対して、多くの人が「それらの原理を書き表わし、公衆に教えるようにわざわざ懇願した」という。この話にはなお続きがあり、デカルトの発言を居あわせた誰よりもよく理解したベリュルは、彼にもう一度意見を拝聴したいとして、後日、彼を呼び、彼の大仕事を実現するように励ましたという。このことが、デカルトが堅固な基礎の上にみずからの哲学の体系を構築する決意を固めるうえで大きな影響を与えることになった。そしてデカルトは翌年一六二八年の秋にパリの喧騒を離れて思索と著作に専念すべくオランダに赴くのである。

7 『精神指導の規則』

†人間的知恵

デカルトは、こうして、オランダに隠棲して最終的な哲学体系の構築にとりかかるのであるが、その前に、ブルターニュに一時引き込み、そこで、それまでの方法論的考察をまとめるべく、すでに言及した『精神指導の規則』(少なくともその大半)を書いた(以下では『規則論』と略称する。これはデカルトの生前は公刊されなかった)。デカルトはこれを未完のままにしてオランダに赴くのであるが、この著作の内容についてあらためていくつか言及しておかなければならない。この著作は、すでにふれたように、デカルトの「学問の方法論」を理解するうえで大切なものであり、またデカルトの最終的な哲学が構築されるまえの彼の思想を知るうえで重要なものなのである。

まず第一に、この書物の主題は、デカルトがその第一規則で挙げるように「現われでるすべての事物について確固とした真なる判断をくだすように精神を導くこと」である。先にのべたように、デカルトによれば、「あらゆる学問は人間的知恵」にほかならず、これはどんな対象に向かおうが同一のままである。そしてその対象である学問はすべて相互に連結しており、それらはただ「理性の自然的光明」を増大することにのみ活かされなければならない。それも、学院（スコラ）のあれやこれやの難問を解くためにではなく、生の個々の場合に、知性が意志に何を選ぶべきかを示すようにするためにそうしなければならない。デカルトにとって、「方法」は、あらゆる学問に適用されるものであり、しかもそれは理論的学問のみならず実生活における判断にも活用されるものでなければならない。このような見地からデカルトは彼の方法論的考察を展開する。その内実は、先に示した『方法序説』の「四つの規則」を核心としたものである。

†「普遍数学」の構想

第二に、この書物では、これも先にふれた、彼に「夢」をひきおこし、諸学の新たな構築という野望をもたらすことになった「数学の統一」の考えがより具体的に「普遍数学」

という構想のもとに展開されている。「普遍数学」というのは、「いかなる特殊な質料に関わることなく順序と計量関係とについて求めることのできるすべてのことを説明する」学問のことである。この構想の核心は『規則論』では「比例論」のうちにみいだされる。デカルトは、「比例式（比例中項）」あるいは「連比」すなわち「等比（幾何）級数」が含む構造に着目し、その幾何学的表現を考え、そこに純粋数学（幾何学と数論）という学問全体の核心が含まれていると考えるのである。この構想から二つの重要な考えが帰結する。その第一は、乗法や除法や平方根の抽出という代数的操作を、比例中項の式にもとづく計算の特殊な形とみなし、それを比例中項の第四項を求める手続きと同一視した、ということである。この考えに発し、一六三七年の『幾何学』では、代数の操作が幾何学上の比例関係に対応づけられることになる。

第二は、それまで一般に守られてきた「次数一致の規則」というものの放棄である。これは、同じ数式のなかでは同じ種類（次元）の量のみが加減されなければならないということを命じる規則で、たとえば、線分の長さとして理解される一次元の量の項を登場させる式には異なる次元の量を登場させてはならないとするものである。これに対してデカルトは、等比級数の構造の考察に促されて、線分、平方、立法という異なる次元の量を、同じ連比を構成する異なる項の量と解し、その連比の初項（単位）に線分あるいは平面をあてがうことを考えた。そこで、異なる次元の量が画一化されて、「次数一致の法則」が放棄されるとともに、それらが幾何学的に表現されることになる。実際に、『幾何学』では、ある算術的量の任意の冪《べき》の量を幾何学上の線分として表現できることが示されている。これらのことが一般的に算術上の演算や量と幾何学上の操作や量との対応づけを可能にする。『幾何学』ではこれに加えて「座標」の概念が導入されることになり、そうして解析幾何学が創始されることになるのである。

†「普遍数学」の思想的革新性

このような「普遍数学」の構想は、単に数学史上の発見ということにとどまらず、新しい画期的な学問論あるいは存在論の可能性を含む。というのも、デカルトの時代まで、その領域で支配してきたのはアリストテレス主義なのであるが、デカルトの普遍数学の構想はそれを覆すことになる考えを含むからである。アリストテレス主義によれば、諸学問は、「存在の類」によって分類され、その「類」は、それ自体は論証できない「原理（アルケー）」によって措定される。そこで、学問的論証とは「共通公理」にしたがい、ある類に関してそれに固有の属性を導出することであると考えられる。それで数学に関していえば、算術（数論）とは「数の単位（非連続量）」を原理とし、幾何学はそれと異なる「点や線

（大いさ＝連続量）を原理とするものであって、それぞれそのような原理に関する諸属性を考察する学問だと考えられる。

そこで、このアリストテレス主義の学問論で大切なことは、おのおのの類の固有性が重視されるために、論証において、ある類に特有の操作を他の類に適用してはならないとされることである。それで、数学の分野についても、幾何学の命題の論証に算術の手法を使ってはならないとされる。単位という非連続量を原理とする算術に特有な操作は、これと異質な線分などの連続量を原理とする幾何学に適用されてはならないのである。このような考えは、普通、われわれが事物をわれわれの眼に映る形態にしたがって分類しようとする際にとっている見方であって、われわれは日常生活においては依然として、このような見地で事物を（たとえば植物や動物を）分類し、みているといってよい。

『規則論』の「普遍数学」の考えは、このようなアリストテレス主義の「存在の類」の概念にもとづく学問論を根本的に解体する方向のものである。先にのべた、算術（代数）と幾何学を対応づけ、それを統一的にあつかおうという考えは、異なる類のあいだで同じ操作が適用されてはならないという、アリストテレス主義の学問論の基本原則の廃棄を意味する。また、連続した比例関係系列を、異なる種類（次元）の数学的対象の理解の共通の基軸とみなすことは、これも、アリストテレス主義の存在論と対極をなす方向のものである。実際に、アリストテレスの存在論によれば、「このある人間」とか「このある馬」という具体的個別的存在が最も基本的な存在(「第一実体」)であり、数学上の関係のような抽象的で普遍的なものは、実体性あるいは実在性の最も希薄なものと考えられる。この考えも、われわれがたいてい日常生活においてとっている見地であって、われわれが生活世界で出会うものは、まずは、一個の、「この」という指示詞によって感覚上とらえられるものである。

これに対して、デカルトの「普遍数学」の考えは、関係系列の方を諸対象の基軸とみなし、諸対象をその系列の一項と考えるもので、何が基本的存在かという存在論の転回を含意するものである。デカルトはそのことを自覚しており、『規則論』で「すべての事物は、何らかの系列に配置されることができ、しかもそれは哲学者たちがみずからの範疇によって分けたように、事物がある存在の類に関係させられるかぎりにおいてではなく、事物のあるものが他のものから認識されうるかぎりにおいてなのである」とのべている。

†認識論上のアリストテレス主義

以上のような『規則論』における、諸学問を人間の普遍的知恵とみなし、数学の諸分野を「普遍数学」の構想のもとに統一しようという考えは、デカルトのその後の最終的な哲学へと発展するものである。しかし、同じ『規則論』の後半で展開されている「認識論」のほうは、それとは逆に、アリストテレス主義の経験論的認識論の枠を脱してはいないものである。この点は、デカルトが『省察』で最終的に提示する認識論が、まずはアリストテレス主義の認識論をみずから批判的に解体する作業の結果であるということを理解するうえで重要である。実際に、『規則論』では、物質的事物の認識については、これは、感覚対象から、その形象を抽出することであると考えられており、その形象は表象（想像力）のうちに保持されており、したがって、知性が、なにか物体に関係づけられるものを吟味しようとする際には、そのものの観念は「想像力のうちに形成されるべきである」とされている。これは、アリストテレス主義の認識論の「初めに感覚のうちになかったものは知性のうちにない」という根本原則、そして「表象像（想像）なしにはひとは思惟することができない」という考えを踏襲するものである。いいかえると、この時点ではデカルトは知性による物質的事物（物理的対象）の認識は、経験論的に、感覚を足場にして想像力との協働によってなされるべきだと考えているのである。これは、『省察』で展開される、あとで詳しくとりあげる心身二元論と生得説にもとづく認識論とは根本的にことなるものなのである。

8　オランダ隠棲——諸学問の構築

†オランダ隠棲

　デカルトは、以上のような遍歴と修業を重ねたあと、いよいよ新たな学問体系の構築に専念すべく、完全な自由と独居を求めて、一六二八年の終わりに、再びオランダに赴いた。そこで、フリースラントの北方のフラネカーに居を定める。以後、一六四九年にスウェーデンにわたるまでの二十年余りのあいだ、数回のフランス旅行を除いて、居場所を変えながらも、ずっとオランダに住んだ。彼は、若い時のオランダ滞在の経験と諸国遍歴を通じて、思索と著作に専念するための最適の場所としてオランダを選んだのである。デカルトは『方法序説』でそのオランダのことを、「この国では、長く続いた戦争のせいで、立派な秩序が確立されていて、常備されている軍隊は、人々が平和の賜物をいっそうの安心をもって享受しうるためにのみ役立っているように思われるほどであり、しかも、この国では私は、きわめて活動的で、他人のことに関心をもつよりは、自分自身のことに気を配る多数の人々の群れの中で、最も人口の多い都市で得られる快適さを何一つ欠くことなく、最も人里離れた荒野にいるのと同様の孤独で引きこもった生活を送ることができた」とのべている。ただし、そのような生活を送ることによってデカルトは学問の世界から閉ざされていたわけではない。デカルトの友人に、ラ・フレーシュ学院の先輩でフランシスコ派のミニム会の修道僧のマラン・メルセンヌという人物がおり、この人物がデカルトと諸国の学者とのあいだにおける交流のとりつぎ役をして、彼のお陰でデカルトは学問の世界に通じていたのである。このメルセンヌという人物は、神学以外の諸科学に関心をもち、彼自身、当時形成されつつあった新しい科学の推進の一翼を担っている。また彼は今でいう学会の事務局長のような役割を務め、諸国の学者の交流を図るとともに、学者のグループを形成して、これはのちにフランスの科学アカデミーの母胎となった。

†形而上学への没頭と自然学の基礎

デカルトは、オランダに移住して、最初の九カ月は全哲学の基礎である形而上学に文字どおり没頭した。その成果が、デカルトの最終的な哲学の第一の礎石となる。その内容は、彼ののちの書簡によれば、「神の存在と、われわれの魂が身体から分かたれた時のその存在を証明すること」である。デカルトは、その証明は幾何学上の論証より明証なものであるといい、それによって「自然学の基礎」がみいだされたという。この、形而上学の途によって「自然学の基礎」がみいだされたというのは、精神と身体（物体）とがはっきりと区分され、そのことによって、物体とは「長さと幅と深さにおいて延長する実体」以外のなにものでもないという見地が立てられることになり、そうして自然現象一般が統一的に説明されることになった、ということである。そうしてデカルトは、すべての自然現象を説明しようと決心して、『世界論（宇宙論）』の執筆にとりかかる。

†自然哲学の支柱——永遠真理創造説

そこで、この『世界論』の執筆が契機となって、もう一つの、デカルトの自然哲学の支柱となる重要な形而上学上のテーゼが設定されることになった。それは、メルセンヌ宛の書簡（一六三〇年）で表明される、解釈者たちによって「永遠真理創造説」と呼ばれるものである。それは、神は、伝統的に永遠真理と呼ばれ、それ自身は創造の対象とは考えられてこなかった「数学的真理」をも他の被造物と同様に創造したのであり、一方でそれの観念を人間精神のうちに生得的に刻印し、他方で、それによって自然の法則を構成した、というものである。これはそれ以後、晩年に至るまで、彼の自然哲学の基礎としてたえず主張しつづけられるテーゼである。しかし、このような純然とした形而上学のテーゼが自然哲学を構成するのになぜ必要なのか、この点は説明しなければならない。

それは、まず、このテーゼによって、前述のように、デカルト自身も『規則論』の段階では与していた、アリストテレス主義の経験論的認識論が排除され、数学的自然学が可能となるということである。アリストテレス主義によれば、数学的観念というのは、感覚対象から抽出された形相に対してさらに抽象を重ねて得られるものにほかならず、そのようなものが自然学の対象である個別的で具体的な実体の本質を構成するとは考えられない。

これに対して永遠真理創造説は、数学的観念が感覚や想像力と独立に人間精神に生得的に与えられてあるとし、そのことによって、人間知性は感覚経験をまたずとも、数学的観念を認識しそれを発展させることができると主張する。また、このテーゼによれば、その同じ数学的真理によって自然法則が構成されるとみなされることから、数学的対象は、アリストテレスの場合のように、自然学の対象の実体の実在性を構成することが最も少ないものと考えられるどころか、自然現象の実在的構造そのものを構成すると考えられる。そうして人間知性は、自分自身のうちにある数学的観念によって自然現象の構造の探究に邁進してよいということになる。このような意味で、このテーゼは、アリストテレス主義の認識論とそれにもとづく自然学とを根本から排除するものとなるのである。

しかし、このテーゼが、数学的観念を実在一般の規範とすることだと受けとめられるならば、それは、これも伝統的なプラトニズムを継承するものにほかならないとも考えられる。しかし、このデカルトのテーゼはプラトニズムとの断絶をも意味するものである。プラトンによれば、数学的対象は、生成変化する感覚的世界を超越した永遠不変の叡知界（イデア界）に位置するものであり、「ティマイオス」の世界創造の神話によれば、デミウルゴスが世界の創造に際してその「範型」とするものである。このような考えは、中世のキリスト教哲学において、イデアを神の知性内容とするという仕方でとりいれられた。この点はプラトニズムを受け入れるアウグスティヌス主義においてのみならず、物質的事物の認識論においてアリストテレス主義を継承するトマス・アクィナスにおいても変わりはない。ところが、このデカルトの「永遠真理創造説」によれば、数学的真理も神によって創造されたものとみなされ、物質的事物と同じレヴェルのものと考えられる。そこでこのテーゼによれば、数学的真理（イデア）の超越性も範型性も否定されることになるのである。また、そうしてのみデカルトが構想する数学的自然学が可能となる。というのも、プラトニズムにしたがえば、数学の永遠不変な真理はそれじたい生成変化する感覚的世界のうちではなく、それを超越した叡知界に求められることになるが、デカルトのこのテーゼによれば、数学的真理は自然現象のうちでその法則を構成するものとしてあることになり、自然現象自体の数学的探究が可能となるからである。

†『世界論』出版の断念

デカルトは以上のような形而上学を設定して『世界論』の執筆を推進した。そして一六三二年から一六三三年にかけては、その終章を構成するものとして『人間論』を執筆した。デカルトはこれをもちろん出版するつもりであった。ところが、ちょうど出版しようとしていた矢先に、ローマでガリレオが地動説支持のかどで断罪されたことを知る。デカルトの『世界論』は、同じ地動説をはっきりと受け入れるものであり、それに加えてローマ法王庁が認めるアリストテレスの自然学を表立って批判する内容のものであった。そこでデカルトは、急遽、自分の『世界論』の公刊を断念する。この『世界論』が『人間論』を含めて出版されるのはデカルトの死後である。またデカルトはこれ以後、自分の著作でアリストテレスを正面切って批判するのを意識的に控えることになる。

9 『方法序説』と『三試論』

†『方法序説』

このような経過ののちにデカルトは、一六三七年に、自分の科学上の成果のうち、論争の種にならないような、自然学の基礎にふれない内容の『三試論』(『屈折光学』、『気象学』、『幾何学』)とそれに対する「序文」という役割をはたす『方法序説』を出版する。これは、学術書としては当時はめずらしくラテン語ではなくフランス語で書かれた。

このうち『方法序説』については、学業時代からオランダ移住にいたるまでの時期に関する自伝的部分についてはすでに紹介したが、この書物は次の有名な文句で始まる。「良識はこの世で最も公平に配分されているものである」。これは、「よく判断し、真なるものを偽なるものから分かつ能力、これが本来、良識または理性と呼ばれるものであるが、これはすべての人々において生まれつき相等しいということ」を意味する。それでは、現実の、人々のあいだの能力の優劣は何によるのか。それは、生まれつき平等の良識または理性をどれだけよく開発し活用しているかということによる。「というのも、よい精神をもつというだけでは十分ではなく、大切なのは精神をよく活用することだからである」。そこでデカルトは、この書物で「いかなる仕方で私が自分の理性を導こうと努めたかということ」を示し、今までの人生をいわば「一枚の画として表わして」、そこにみならってもよい例があるなら、それを参考にしてほしい、という。

†「良識」の平等と活用

この『方法序説』の冒頭には二つの重要な概念が示されている。

それは第一に、人間精神の生まれつきの「平等」ということである。これに、デカルトがのちの著作で強調する人間精神の自由と友愛という概念をつけくわえると、これは、フランス革命のスローガン、自由・平等・友愛を構成することになる。実際に、二十世紀のあるフランスの政治家は、フランス革命の原理はデカルトにおいてはじめてみいだされるといっている。デカルト自身は当時の社会情勢と自分の方針から、前述のように、生活上は保守的な格率をとったのであるが、彼が示した思想上の革新が結果的に社会体制上の革命の源になったともいえるのである。

第二は、良識は生まれつき平等であるといっても、現実に能力差があるのは事実であるが、それは、デカルトによれば、各人がいかに自分に与えられた理性をよく開発し活用する努力をしているかということによるのであって、ひとことでいえば、自分の責任の問題である、ということである。『方法序説』は近代思想の幕開けを告げる書物ともいわれるが、それは、冒頭から、平等と責任という二つの緊張関係にある近代社会の概念を示すという点においてそういってよいのである。

さてこの『方法序説』では、第一部から第三部までで、学業時代からオランダ移住の時期までのことが語られたあと、第四部において、デカルトの形而上学が簡潔にであるが、はじめて示されることになる。有名な「私は考える、ゆえに私はある」という命題が登場するのはここにおいてである。こののち、第五部と第六部では、彼の自然学の構想とその意義や方法論などがのべられる。そこで第五部では、自然学が人間の身体にも適用され、その結果の一形態として、血液循環について、イギリスのハーヴェイの理論に対抗する形のデカルト自身の理論が提示される。この第五部の後半では、人間の身体が自然学的・機械論的に説明されたあとで、人間と機械や動物とのちがいが論述されており、これは、のちにのべるように現代の観点からしても非常に興味深いものである。また第六部では、デカルトは、自分の自然学の意義、とりわけそれが医学に適用された場合の意義や、自分の自然学の展開のための実験の必要性とその手法などを説いている。こうして『方法序説』

は全体として短いものであるが、彼のそれまでの人生と彼の壮大な学問体系とを簡潔に分かりやすく提示するものとなっている。

†『三試論』——屈折光学・気象学・幾何学

　この『方法序説』が序文の役割を果たす『三試論』についても短くふれておこう。その第一は『屈折光学』であるが、ここではまず光の屈折現象がたいへん正確に分析されており、スネルと独立に発見された「屈折の法則」がはっきりと提示されている。ついで、その延長上で、感覚知覚とくに視覚の生理学的探究が展開され、そこで明確にアリストテレス以来の感覚論が排除される。最後には、眼鏡によって視覚が補強される仕方が説明されている。第二は『気象学』であるが、これはあまり注目されるものではないが、この学問はアリストテレス以来の伝統では重視されてきたものであって、デカルトはここでは自分の屈折光学を活かして虹の現象についての見事な分析を示している（次頁の挿絵）。

　最後は『幾何学』である。この書物においてデカルトは、数学史上、画期的な「解析幾何学」を提示し、近代解析学の祖と称せられることになる。そこで彼はまず、すでに言及したように、代数の四則の演算と任意の冪《べき》の数が幾何学上の線に対応づけうることを示す。そうして数論（代数）上の任意の量が幾何学上の線分として表わしうるとしたうえで、他

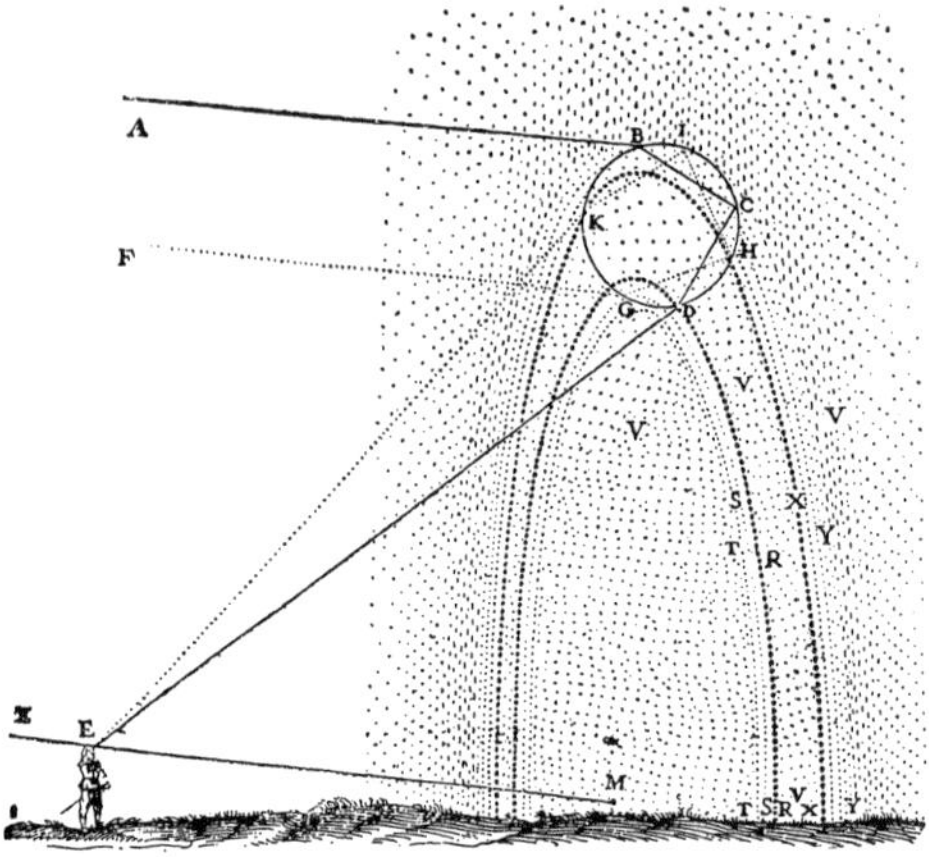

「虹の分析」の挿絵（『気象学』より）

方、新たに「座標」の概念を導入し（ただしデカルトの導入した座標は今日いわれる「デカルト座標」すなわち「直交座標」ではなかった）、幾何学上の図形や軌跡の問題が代数的に表現できることを示し、幾何学の問題を代数の方程式の解を求める問題に帰着させた。こうして解析幾何学が成立することになる。ただ、デカルトの解析幾何学は、有限量の間の代数的関係をあつかうもので、極限ないし無限大あるいは無限小をとり入れる微分積分学に及ぶものではなかった（デカルトは、そのような量を明晰判明でないものとして意図的に自分の『幾何学』からは排除した）。微分積分学の形成は彼のあとのライプニッツとニュートンをまたなければならない。なお、デカルトはこの書物で、さらに曲線の分類や方程式論なども展開している。いずれにしても彼はこの書物によって近代解析学を切り開くことになったのである。

10 『省察』から『哲学の原理』へ

†『省察』――形而上学の主著

この『方法序説』と『三試論』の出版のあと、デカルトは、それが契機となって、フェルマやデザルグやロベルヴァルなどと科学上の議論を重ねることになるが、他方で、『方法序説』においては簡潔にしか提示できなかった自分の形而上学を十分に発展させて専門家に向けてラテン語で著わすことを考える。そうしてできあがったのが、デカルトの形而上学の主著『省察』である。

これの初版は、「第一哲学についての省察、そこで神の存在と魂の不死性とが論証される」というタイトルのもとパリで出版された（このタイトルはメルセンヌがつけた）。デカルトはこのとき、出版に先立って、原稿をメルセンヌを介して、当時のヨーロッパの代表的な思想家に送り、論駁を書いてもらって、あらかじめそれに対する答弁をかいた。それで『省察』はそれらの論駁と答弁とともに出版されたのである。デカルトは『省察』に付した「読者へのまえおき」で、読者に、それらの論駁と答弁のすべてに目を通したうえでなければ、『省察』について判断を下さないよう懇請している。

†さまざまな思想家との論駁と答弁

その『論駁』は六部からなり、その著者は、オランダのアルクマールの司祭カテルス(第一論駁)、メルセンヌのグループの神学者と哲学者(第二論駁、これはメルセンヌによってまとめられた)、当時フランスに亡命していたイギリスのホッブズ(第三論駁)、のちにジャンセニスムを標榜するポール・ロワイヤル運動の理論的指導者となるアントワーヌ・アルノー(第四論駁)、唯物論の立場にたつフランスのガッサンディ(第五論駁)、再びメルセンヌをめぐる神学者と哲学者および数学者(第六論駁)、である。この『省察』ははやくも翌年一六四二年に第二版がアムステルダムで出版された。この第二版では、第一版のタイトルの「魂の不死性」の部分が「人間の魂と身体との区別」におきかえられている。これはデカルトが、自分の『省察』では、「精神と身体との実在的区別」は論証しているものの、「魂の不死性」の論証は行なっていないということへの配慮の結果である。またこの第二版には、新たに、イエズス会士のブルダンとのあいだの「論駁と答弁」とパリのカトリック管区長ディネへのデカルトの書簡がつけくわえられた。

この思想的立場を多少とも異にしたさまざまな思想家との『論駁と答弁』は、デカルトの『省察』を理解するうえのみならず、デカルトの哲学的立場を浮き彫りにするうえできわめて重要である。このうちアルノーの論駁はデカルトの『省察』に対して内在的に鋭く批判するもので、デカルトはこれを高く評価していねいに答えた。

これに対して、ホッブズとガッサンディの論駁はデカルトの二元論に真っ向から反対するもので、とりわけガッサンディの論駁はデカルト哲学のすべてのポイントにわたる激しいものであった。そこで、ガッサンディがたわむれに、デカルトに対して「おう精神よ」と呼びかけたのに対して、デカルトのほうはガッサンディに対して「おう肉よ」と答える始末である。またガッサンディは、デカルトの「答弁」に飽き足らず、デカルトの「答弁」と彼の長い再論駁を合わせた大部の『形而上学論究』(一六四四年)を出版した。このデカルトとガッサンディとのあいだの応酬は、しかし、二元論と唯物論との原理的対立をはっきりと示すもので、この応酬のうちに、現代に至るこの二つの哲学的立場のちがいが実質的にすべて現われているといってよい。なお、『省察』本文と第六までの『論駁と答弁』のフランス語訳は、それぞれリュイヌ公とクレルスリエの手でデカルトの校閲のもと『形而上学的省察』という題を掲げて一六四七年に出版された。

†『哲学の原理』の出版

デカルトは、この『省察』の出版のあと、一六四四年には、全四部からなる『哲学の原理』を出版した。これは、その題名から、認識論や形而上学の原理の書物と受けとられかねないが、ここでの「哲学」は元来の意味（愛知）からくるもので、「哲学の原理」とは、全学問の原理、とりわけその根幹をなす人間的認識の原理と自然学全体の原理とを示すものである。そこでこの書物においては、まずその第一部で、『省察』の内容と同じものが、しかしそれとは異なった教科書風のスタイルのもとで、それを補説する仕方で提示されたあと、残りの三部全体において、『世界論』の公刊の断念で公にできなかった自然学の体系が、アリストテレスの自然学に対するあからさまな批判はふせる仕方で展開されている。しかも、この『哲学の原理』においては、自然学は、『世界論』におけるよりもはるかに本格的で大規模な仕方で提示されている。それは、まず第二部で自然学の基本概念や自然法則が提示され、ついで第三部で天体論と宇宙生成論が展開されたあと、最後の第四部で地球上の諸現象が説明されるというものである。その細部はともかく、これによってデカルトは、全宇宙を力学的に解明するという近代科学の形成を決定づけることになるのである。

11 後半生と客死

†敵対する人物たち

以上のようにみてくると、デカルトのオランダにおける生活は、諸学の構築という野望も実現をみて快適そのものかとも思われるかもしれない。しかし『省察』の初版の出版のあとから必ずしもそうではなくなってきた。というのも、一六三七年に『方法序説』と『三試論』が出版されて以来、デカルト哲学の信奉者があらわれ、それに『省察』の出版とともに拍車がかかることになるのであるが、そのことは他方でデカルトの哲学を誤解しそれに敵対する人物を生むことにもなったからである。

とくにユトレヒト大学では、デカルトの友人のレネリが哲学教授としてデカルトの哲学を講じ、またデカルトの弟子であった医学者レヒィウス（レギウス）が迎えられてデカルトの自然学を教えるという状況であったが、この状況が一変した。その大学の学長となる正統カルヴァン派の牧師のフーチウス（ヴォエティウス）が、その状況に敵対し、彼は、デカルトを、つねに、自分も克服することのできない過度の懐疑から議論をはじめる無神論者であるとして告発したのである。この時、弟子のレヒィウスはデカルト擁護の論陣をはって健闘し、一時はデカルト自身もフランス大使を動かしオラーニェ公に騒動を収めてもらったりしたが、結局はユトレヒト大学は、一六四五年には、賛否を問わずデカルト哲学に関するいっさいの著作の販売や出版を禁止するという措置をとった。同様の論争がレイデン大学でもはげしくなった。

このような事態のあと、今度はさらにデカルトを激怒させることが起こる。それは彼の忠実な弟子であったレヒィウスが、デカルトの説から離れ、その形而上学を哲学的には否定する唯物論的立場に移ったということである。しかも彼は、デカルトにとって大切な形而上学の説を否定しながら、デカルトの説だと誤解を与えるような書物を出版したりした。これにデカルトは激怒し、彼は、一六四七年に出版された『哲学の原理』のフランス語訳に付された、序文の役割を果たす「フランス語訳者への手紙」の最後で、わざわざレヒィウスのその書物にふれて、読者に、明らかに彼（デカルト）自身の著作のうちにあるものでなければ彼の説だと認めないように要請しているほどである。

†エリザベト王女との文通と『情念論』

このように、デカルトのオランダでの生活はまったく快適なものというわけにいかなくなったのであるが、デカルトは、この時期に、あるうら若き王女と知りあい、一六四三年から、彼女と文通が重ねられることによって、彼の思想に新局面が切り開かれることになった。その王女とは、三十年戦争でボヘミヤ王に擁立されすぐさま敗北を喫したプファルツ選帝侯フリードリヒ五世の娘エリザベトである。彼女との文通は一六四三年から一六四九年の末までつづく。デカルトはエリザベトとの文通ですぐさま彼女の明敏さと真摯さに深く感じ入り、一六四四年の『哲学の原理』を彼女に捧げている。その献辞のなかで、「いままで私が公にした論文のすべてを完全に理解した」のは彼女だけであると書いている。

その彼女がその書簡でデカルトに最初に発した重要な質問が、「非物体的な魂がいかにして身体を動かしうるのか」という、デカルト哲学の二元論のアポリア（難問）ともなる「心身問題」を提起するものであった。デカルトはこの質問を契機にして、心身問題、さらには道徳の核心としての「情念」の考察に向かい、一六四五年から一六四六年の冬には、その考察をまとめあげた。それが『情念論』の第一草稿である。これは、さらに推敲され生理学的解明が追加されたあと、一六四九年の末にパリで出版された。これは三部からなり、第一部では情念の生理学的説明と情念一般の定義やそれにかかわる人間の本性の究明が提示され、第二部では情念の数と順序について、とりわけ六つの原始的情念が説明される。そして最後の第三部で、特殊情念があつかわれ、そこで「高邁の心」を核心としたデカルトの道徳論が提示される。これによってデカルトは形而上学と自然学に加えて道徳論をも完成させたことになる。なお、デカルトの心身問題に対する答えや道徳論については、デカルトの考察に機縁を与えたエリザベトに対する書簡がたいへん重要である。

†いくつかのエピソード

デカルトはこの『情念論』がパリで出版される少し前にスウェーデンに発つのであるが、その生涯の最後の話に移るまえに、いくつかのエピソードと小さな著作にふれておこう。

まず、デカルトのオランダ隠棲中のプライベートな生にまつわる話を紹介しておこう。デカルトは一生独身であったが、ある時、オランダ人の家政婦ヘレーナを愛し、一六三五年に女の子フランシーヌを設けている。デカルトはこの子をたいへん可愛がり、立派な教育をほどこしてやろうとするが、彼女は、一六四〇年、五歳のときに、猩紅熱《しょうこうねつ》にかかり亡くなってしまう。バイエによれば、この時デカルトは、フランシーヌの死を痛く悲しみ、それは彼に「真の哲学は自然な感情を押さえつけるものではない」ということを感じさせ、「彼の人生でかつて感じたことのないこのうえない哀惜の念を残した」という。またデカルトはこの同じ年に彼の父親を亡くしており、さらにその直後に姉を失っている。このような事態のなかで書かれた友人宛の手紙でデカルトは「私は涙と悲しみは女性だけのものだと考える人々の一人ではない」と述べている。

デカルトはまた、定住の場所は、一六二八年から二十年あまりのあいだずっとオランダであったが、数回フランスに帰国している。そのうち一六四七年の帰国の折にはパスカルに会っている。パスカルの父エティエンヌ・パスカルは素人の数学者でメルセンヌのグループに属しており、その関係でデカルトはパスカル家を知っていて、とりわけその息子の天才ぶりは知っていたのである。デカルトはパスカルを彼のパリの住居に九月二十三日と二十四日の両日二回訪ねており、そのときに「真空」のことが話題になった。デカルトはその対話のあとで書いた書簡で、その時「パスカル氏に、山のうえにいるときと、山の麓にいるときで水銀の高さが同じかどうか実験してみるよう伝えておいた」が、「彼がそれをおこなったかどうか知らない」といっている。しかし、デカルトは、本書であとで論じるように、彼の自然学で真空の存在を否定しており、パスカルはまさに真空の存在を検証することを考えていたのである。したがって両者では原理上の対立があったのであるが、このような実験をする意義において一致していたのである。両者の対話の内容が実際どのようなものであり、どちらがそのような実験の発案者なのか、これはいまだに考証学的研究の題材となっている。

なお、デカルトは、スウェーデン移住の前の年の一六四八年に牧師の息子でのちに高名な神学者となる若い学生ビュルマンの訪問を受け、『方法序説』と『省察』および『哲学の原理』についてのテキストに即したさまざまな質問に応じた。その対話がビュルマンによりラテン語で記録され保存されたものがある。それが『ビュルマンとの対話』で、これはこの三つのテキストの補足的注釈的文献として価値のあるものである。

また、おそらくスウェーデン移住後に書かれたものと思われる未完の著作に『真理の探究』がある。これはデカルトにはめずらしく対話形式で書かれており、その構想は遠大のものであったが、「私は考えるものである」という「私の本質規定」のところで終わっている。しかし、執筆された部分において、「懐疑」や「コギト」の意味や機能および役割が最も詳しく説明されており、その点で非常に重要なテキストである。

†生涯の最後

デカルトは、一六四九年の十月、かねてからデカルトの哲学に関心をもち、デカルトから直接教えを乞うことを願っていたスウェーデンの女王クリスティーナの懇請に応じてスウェーデンに渡った。このクリスティーナ女王というのは、武勇の誉れが高かったが三十年戦争で戦死したスウェーデン王グスタフ・アドルフの娘で、父の戦死のあと幼くして女王となった人物である。デカルトはこのクリスティーナ女王の再三にわたる要請に応じてスウェーデンに渡る決心をしたのである。そこでデカルトは、翌年の年明けから、昼は政務にあけくれ夜はさまざまな催しにでかけなければならないクリスティーナの要望で、朝の五時に宮殿に赴き進講することになった。これが、朝寝の習慣があったデカルトには酷であったのか命とりとなる。デカルトは二月一日に宮殿から戻って悪寒を感じ、その十日後、一六五〇年の二月十一日、肺炎で亡くなる。バイエによれば、最期の言葉は、召し使いへの「今度は発たねばならぬ」であったという。

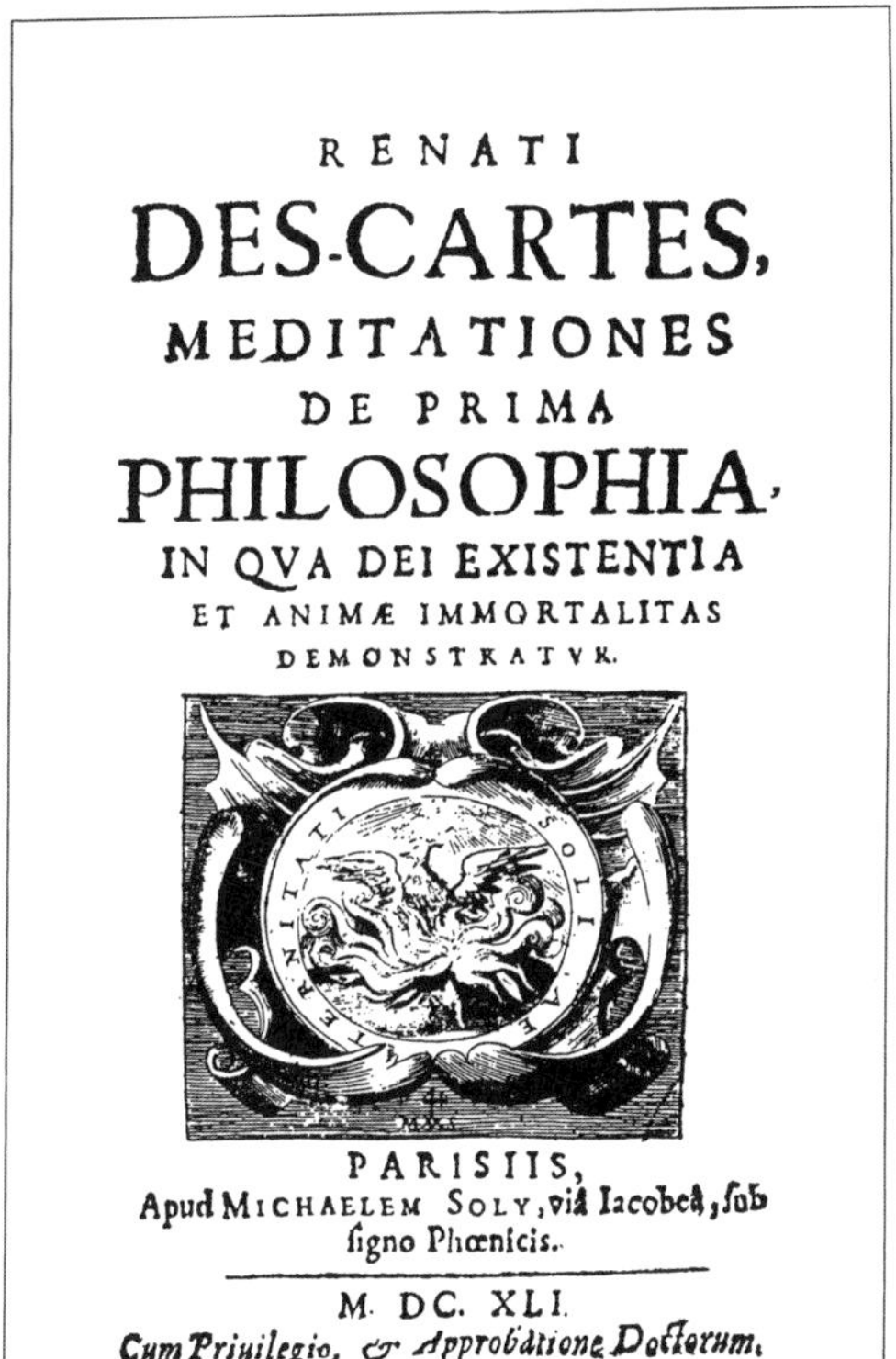
RENATI
DES-CARTES,
MEDITATIONES
DE PRIMA
PHILOSOPHIA,
IN QVA DEI EXISTENTIA
ET ANIMÆ IMMORTALITAS
DEMONSTRATVR.

PARISIIS,
Apud MICHAELEM SOLY, viâ Iacobæâ, sub
signo Phœnicis.

M. DC. XLI.
Cum Priuilegio, & Approbatione Doctorum.

第二章
デカルトの認識論と形而上学

『省察』の初版(1641年)の扉

1 普遍的懐疑

デカルトの認識論や形而上学は、『方法序説』の第四部で簡潔に語られるが、それが本格的に展開されるのは『省察』においてである（同じ内容のものは『哲学の原理』の第一部でも提示されるが、前述のように、こちらのほうは教科書風にまとめられたものであり、『省察』の理解のための補完的役割を果たすもので、デカルトの認識論や形而上学の理解のためにはまず『省察』が読まれなければならない）。

以下、デカルトの形而上学をもっぱらこの『省察』にしたがって紹介していこう。

†ラディカルな懐疑

デカルトの哲学は、よくいわれる近代合理主義の元祖というイメージからはほど遠い、たいへんラディカルな「普遍的懐疑」というものからはじめられる。デカルトは『省察』の冒頭で、「もし私が学問においていつか何らかの堅固で揺るぎないものを打ち立てようと欲するならば、一生に一度はすべてを根こそぎにしてくつがえし、最初の土台からあらたにはじめなければならない」という。その懐疑も、「まったく確実で疑う余地のないものではないものに対して、明らかに偽であるものに対するのと同様に、用心深く同意を禁じる」という仕方で遂行されねばならないという。ひとことでいえば、この普遍的懐疑というのは、「ほんのわずかでも疑いを想定しうるものは絶対に偽なるものとして投げ捨てる」というきわめてラディカルで否定的な作業なのである。これはしかし実生活にかかわることではない。前に「仮の道徳」のところでのべたように、実生活においては、時として、きわめて不確実なことであると分かっていることにも、それが疑いえないものである場合と同様に従う必要がある。しかし、今は真理の探究が問題なのであるから、少しでも疑わしいと思われるものは、意志をまったく逆の方向に曲げて、絶対的に偽なるものとしてあえて捨てなければならないのである。これはまた、古代の懐疑論者のように「ただ疑わんがために疑い、つねに非決定をよそおう」というのでもない。この普遍的懐疑は、そのうえに諸学問をうちたてるための「堅固で揺るぎない」土台を探しあてるためのものなのである。デカルトはこの普遍的懐疑を、そこからすべてを引き出しうるアルキメデスの確固不動の一点にたとえている。

†感覚知覚と身体感覚への懐疑

デカルトは、第一に、われわれの日常的な感覚にもとづく判断を問題にする。これについてはデカルトはひとことで切り捨てる。第六省察でもちだす有名な例に即していえば、日常の感覚知覚にしたがうと、遠くからみて丸い塔は近くでみれば四角であったりして欺かれる。日常の感覚知覚は事物の普遍的性質を示すものではないのである。デカルトによれば、右の普遍的懐疑の方針からして、このような五感にもとづく認識は真理認識の根拠としてははっきりと捨てなければならない。しかし、このような外的感覚による認識は疑いうるとしても、いま私がここにいることや、服を着ていることや、紙を手にしているといったこと、さらには、この手や身体全体が私のものであるという身体感覚、これは疑いようがないのではないか。

デカルトは次に、このような身体感覚を問題にする。これを疑うなどというのは日常生活を不可能にする常軌を逸したことではないか。これについてはしかし、デカルトは、「われわれは夢をみる」ということを引き合いにして退ける。われわれは夢のなかで覚醒時のときと同じものをみ、同じことを体験する。しかも夢において、覚醒時と同じくらい判明な夢をみたりする。とするならば、いま目覚めて経験していると思っていることが、じつは夢のなかのことではないとどうしていえるであろうか。夢と覚醒時とをはっきりと区別する指標はないのではないか。デカルトは身体感覚についても、このような理由を想定しうることから、それの不可疑な妥当性を排除する。こうしてデカルトは五感にもとづく認識と身体感覚の全体を真理認識の様式としては否定する。そうしてわれわれが身体をもつこと自体をも否定するのである。

デカルトはなぜこのような、感覚や身体の存在をも否定するラディカルな懐疑を遂行するのであろうか。それは、われわれが生まれた時から感覚が示すものが事物の本質であると思い込み、身体と一つになったわれわれの存在のみをわれわれ自身と確信してやまないということに起因する。そのような習慣は、デカルトによれば、後にのべるように、数学を軸として、身体を含めた物理的自然全体の客観的構造を解明しようという彼の構想を不可能にするのである。そこで、そのような習慣から精神を解放するには、感覚や身体が示すことがらを単に疑わしいとするだけでなく、全体的に偽であるとまでする必要があると考えられるのである。そうして、それまで支配的であった、われわれの日常経験に基盤をおく、アリストテレス主義の「はじめに感覚のうちになかったものは知性のうちにない」という経験論の認識論が排除されると考えられるのである。

†数学的真理への懐疑――欺く神の想定

ところで、デカルトの普遍的懐疑は、以上のような感覚機能や身体に対するものにとどまらない。デカルトは懐疑をなおも徹底して、事物の普遍的構成要素と考えられる物体の延長や形や数、物体が占める場所や持続する時間にも及ばせ、最後には、二プラス三は五であるとか、四角形は四つの辺からなるといった数論や幾何学の真理までも懐疑の対象にする。

このうち、物体にかかわるものに対する懐疑は、感覚一般が疑われることから帰結するにしても、数論や幾何学（純粋数学）の対象が疑われるというのはどういう理由によるのであろうか。これらの学問は、デカルト自身が認めていうように、きわめて単純で一般的なものしかあつかわず、しかもそういうものが自然のうちにあるかどうかは（それらが自然に対応物をもつかどうかは）、その真理性に関係がなく、したがって感覚一般が認識様式として疑われても、それらが真理であることには変わりないはずである。ところがデカルトは、そのような数学の対象の真理性もあえて懐疑の対象にする。ここでは、数学の対象自体が感覚的世界と独立にもつと考えられる不変的真理性が疑われるのである。そのような懐疑はいかにして可能なのだろうか。デカルトの数学的真理に対する懐疑とは次のようなものである。

まずデカルトは、彼が教えられたキリスト教の「神はあらゆることをなしうる」という神の全能の概念に訴える。そこでデカルトは『省察』でいう。「私の精神にはある古い意見が刻み込まれており、それは、すべてのことをなしうる神が存在し、それによって私は現に存在するようなものとして創造された」というものである。そうすると、その神の全能ということからすれば、その神は、実際には天もなく地もなく延長をもつものといったもののもないにもかかわらず、それらが私に今みられるとおりに存在すると確信するようにしたのかもしれず、さらには、二プラス三という足し算を行なうたびごとに、また四角形の辺を数えるたびごとに私が誤るようにしたかもしれない。神の全能ということが「あらゆることをなしうる」ということであるならば、そこには、数学の最も単純で不可疑な真理についても神はわれわれを欺きうるということが含まれて当然である。

デカルトはこのように考えて、最も単純で一般的な真理、しかもそれが自然に対応物をもつかどうかということは要求されない数学的真理をも、「欺く神」という形而上学的想定のもとに懐疑の対象に組み入れるのである。

このような「欺く神」の想定のもとでの数学的真理の懐疑ということには、先に言及した、一六三〇年にデカルトがメルセンヌ宛の書簡で表明した「永遠真理創造説」というものが背景にある。これは、くりかえしていえば、神は一般の被造物のみならず、伝統的に永遠真理と呼ばれてきた数学の真理をも創造したのであり、それを一方で人間精神に刻印し、他方でそれによって自然法則を構成したというものである。ここで、デカルトは、神の知性内容を構成しそれ自身は創造されるものではないと考えられてきた永遠真理（イデア、本質）をも神の創造の所産とするきわめて独自なテーゼを提示したのである。このテーゼの主眼は、それによって数学的自然学を根拠づけようとすることにあった。

しかし、このテーゼは、数学的真理をも神の創造の所産とすることによって、数学的真理は神の創造をも拘束する絶対的に必然な真理ではなくなるという事態をもたらす。というのも、キリスト教の教義の一大原則は「神の無からの創造」ということにあり、神があるものを無から創造したということは、そうでないものをも創造しえたということを意味するからである。したがって、神が数学的真理をも創造したと解することは、神は現にわれわれが知る数学の体系以外の体系をも創造しえたと理解することになる。こうして、これの「永遠真理創造説」のもとでは、数学的真理は神の知性をも規制する絶対的に必然な真理ではないということになるのである。そうすると、この「永遠真理創造説」を主張する者は、その裏面として、現にわれわれが唯一必然と思っている数学の真理も、じつはそうではないのではないか、という懐疑を引き受けなければならないことになる。ついでにいえば、デカルト以後の「大陸の合理主義者」といわれるスピノザやライプニッツやマルブランシュは、いずれもこのデカルトの「数学的真理」への懐疑を真面目なものとうけとめなかった。それは彼らがみな、数学的真理は神の知性をも拘束する絶対的に必然なものと考えたからである。とりわけライプニッツは、「矛盾律」という論理法則は絶対的であって、これが神の概念（最も完全な存在という概念）にも適用されねばならず、神の存在の証明には、それが矛盾を含まないということが前提されねばならないと考えた。

ただし、デカルトはこのように既存の数学的真理の絶対的必然性を否定することによって新たな数学（たとえば十九世紀に現われた非ユークリッド幾何学）を人間に理解可能なものとして具体的に考えたわけではない。しかし、このような創造と数学的真理のあいだのダイナミックな思想が西洋の思考形態を突き動かし、普通は絶対的に必然と思われる数学以外の数学をも考えだすという事態を可能にしたといってよいだろう。

デカルトはこのようにして、外的感覚による認識から身体感覚、さらには単純で抽象的な数学的真理までも、「少しでも疑いを想定しうるものは絶対的に偽として投げ捨てる」というラディカルな懐疑の方針のもとに、文字通り普遍的に疑い排除する。そこでデカルトが到達するのは「何も確実なものはない」ということである。これはこのかぎりでは懐疑論者の立場に変わりない。しかし、デカルトはさらに押し進めて「確実なものは何もないということそのこと自体を確実なこととして認識するまで進もう」という。ここで、この文が「確実なものはなにもないということ（すべてが疑わしいということ）」自体を「確実なこと（疑わしくないこと）として認識する」という構造になっていることに注意しなければならない。ここで、「すべては疑わしい」という場合の「すべて」に、「このこと自体は確実である」という命題をもいれるとすると、いわゆる「嘘つきパラドックス」のタイプの一例になる（あるクレタ人〔エピメニデスとされる〕が「すべてのクレタ人は嘘つきだ」といった。さて、こういう当人もクレタ人である。そうするとこの言明は嘘か本当か？　これが「嘘つきパラドックス」ないし「エピメニデスのパラドックス」と呼ばれるものである）。しかしデカルトはここで、「何も確実なものはない」という命題を対象とする、それよりレヴェルの高い（メタレヴェルの）命題（事態）として「そのこと自体は確実である」ということをとりだしているのである。

2　「私は考える、ゆえに私はある」——「私」の存在と本質の確立

†「私の存在」の確立

そこで、デカルトは「確実なものはなにもない」という最初のレヴェルの疑いを徹底し、「世にはなにもなく、天もなく、地もなく、もろもろの精神もなく、物体もないとみずからに説得」する。そこで「それならば、私もまた存在しないと説得したのではなかったか」と自問する。そこでいう。「いな、けっしてそうでない。もし私が何ごとかを私に説得したのであれば、私は確かに存在したのである」。ここで前面にでるのは、「何も確実なものはない、世には何も存在しない」ということをみずからに説得し、そのこと自体を確実なこととする懐疑主体である。そこで、このみずからに対する懐疑の説得行為のただなかで、みずからの存在がそれと不可分なこととして自覚されることになる。デカルトは、この事態を、先の全能の欺き手の想定と対決させ、懐疑と懐疑の主体の存在が不可分であるということは全能の欺き手の介入をもはねつけるものであることを確認する。「欺くなら力のかぎり欺くがよい。しかし私がみずからが何ものかであると考えているあいだは、彼はけっして私が何ものでもないようにすることはできない」のである。こうしてデカルトは表明する、「〈私はある、私は存在する〉というこの命題は、私がこれをいい表わすたびごとに、あるいは精神によって捉えるたびごとに必然的に真である」と。

ここに、近世哲学の原点とも評される「私はある」の哲学の第一命題が明言される（有名な「私は考える、ゆえに私はある」という命題は『省察』には現われず、『方法序説』において哲学の第一原理として、また『哲学の原理』においては哲学の最初の最も確実な認識として出てくる）。ここで、この「私はある」というデカルトの形而上学の第一の命題の身分について いくつか考察を加えておこう。

†「普遍的懐疑」と「私の存在」の不可分離性

まず第一に大切なことは、この命題は、それだけで単独に意識の主体といったものとして得られるものではないということである。これは、普遍的懐疑の遂行と不可分なものとして、そのかぎりで得られるものである。この点をデカルトはいたるところで強調しており、『哲学の原理』では「われわれは疑っているあいだ、われわれは存在しているということは疑うことはできない」といっており、また他の箇所では端的に「私は疑う、ゆえに私はある」といっている。デカルトにおいて「私の存在」は、あくまで感覚の対象や身体や数学的真理にも及ぶ「普遍的懐疑」というラディカルな「方法ないし手続き」の結果として得られるのである。そこでさらに確認しておかなければならないことは、この懐疑は、「すこしでも疑わしいものには同意せず、それを絶対的に偽なるものとみなす」という意志的行為として遂行されているということである。これは何にも同意しないという、のちにとりあげる「無差別の自由」の積極的な体現という形をとる。デカルトのコギトは、このような自由意志にもとづく懐疑の働きの内側からの同時的で一体的な覚知として得られるのである。

†説得行為の結果としての「私の存在」

第二は、「私はある」というのは、「確実なものは何もない」ということを「私」が「私」に対してあえて説得し命令するという行為(これは現代の言語哲学で「命題的態度」とか「行為遂行(パーフォーマンス)」と呼ばれる)において得られるということである。このような説得や命令という行為は一人称現在の形でないと機能しない(「私は命令した」というのは命令文ではない)。このような行為においては、行為と一人称の「私」の存在とは不可分なのである。「私の存在」は、このような説得行為が含む必然的な自己言及の構造から得られるのである。ただし、デカルトの場合、「私の存在」は、何であれ説得や命令の言語行為から得られるのではない。それは、右にのべたように、感覚対象や身体の存在をも(したがって物理的言語の存在をも)否定するという意志的な説得行為において得られる。デカルトにおいては「私の存在」は感覚や身体から「私」を引き離すという説得行為において内的・直接的に覚知されるのである。

†コギトと論理

第三に、この『省察』における「私はある」という命題を『方法序説』や『哲学の原理』の「私は考える、ゆえに私はある」という有名な命題におきかえるとすると、これは、一見、三段論法によるもののように思われるが、デカルトによると、この命題は、三段論法の推論にしたがうものではない。およそ推論というのは三段論法によるものでなければならず、このデカルトの命題は「すべて考えるものはある」という大前提（普遍命題）を欠いた不完全なものではないかといった指摘は、『省察』の第五論駁の執筆者ガッサンディなどからなされた。

これに対してデカルトは、この命題は、「精神の単純な直観によっておのずから知られるもの」であり、普遍命題から形式的に演繹されたものではなく、それに先立って知られる原理としての個別命題であるという。デカルトは『真理の探究』でこの点を強調し、普遍的懐疑から得られる「私の存在」の知識は、かの「矛盾律」の大原理から得られることがらよりも確実で有益な知識であるといっている。デカルトは、「私は考える、ゆえに私はある」という、普遍的懐疑から直接得られる直観的知識は、論理法則による知識よりも確実なものだというのである。これは、この命題が、普遍的懐疑において、このうえなく単純で明証的な数学の真理までも疑われた極みで得られたものであるということからしても当然の主張である。いずれにしても、デカルトの「私は考える、ゆえに私はある」という命題は、感覚知覚や身体感覚や数学的真理をも疑った結果、論理法則にしたがう知識よりも確実なものとして得られるものなのである。

†「私の本質」の規定——考えるもの

こうしてデカルトは、『省察』においては「私はある、私は存在する」という命題を、また『方法序説』や『哲学の原理』では「私は考える、ゆえに私はある」という命題を確立するのであるが、そのあととくに『省察』においてはなおも、すでにその存在が確立された「私」の本質の究明とその認識の徹底を図る。

そこでデカルトは、まずあらためて、アリストテレス以来、魂に帰せられていた「栄養をとること」や「歩行すること」や「感覚すること」が「私の本質」に属さないことを確認したあと、私の存在から切り離しえない「私の本質」とは「ただ考えるもの以外のなにものでもない」と断言する。ついで、そのことの認識をさまざまな仕方で徹底する。その過程でデカルトがとくに強調するのは、そのような自己の本質の認識は、「想像力によって思い描かれるようなもの（表象像）には何ものにも依存しない」ということである。デカルトはこの『省察』の局面でこのことをくりかえし強調する。

そこでさらに、デカルトは、一片の蜜でできた蠟をとりあげて、暫定的に物質的事物（物理的対象）の本質の認識を試み、それの本質が幾何学的な「延長」にほかならないとするのであるが、その場合に、その認識も、想像力によってではなしに「精神のみの洞見」によって得られるものだと主張する。デカルトによれば、物質的事物の本質（幾何学的延長）の認識は、想像力の中の表象像によってではなしに、精神のうちにみいだされる観念（生得観念）によるとされるのである。このようにデカルトは、ここで、精神の自己認識や物質的事物の本質認識に想像力や表象像はまったく関与せず、そのためにはむしろそのようなものを遠ざけなければならないということを強調する。そして最後には、この段階では物質的事物の存在は普遍的懐疑によって疑われているので、精神のほうが物体（身体）よりもより先に、より明証的かつ確実に知られると結論づける。

このように、デカルトが、ここで自己認識や物質的事物の認識は想像力に依存しないこと、精神の認識は物体の認識に先行するということを強調するのは、それまでの、物質的事物（感覚対象）の本性の認識を人間知性の第一の対象とし、想像力を人間の認識の軸としたアリストテレス主義の経験論の認識論（これには、前述のようにデカルト自身、『規則論』の段階では与《くみ》していた）を根本的に退けるためである。第一と第二の省察は、もっぱら、このようなアリストテレス主義の経験論の認識論を排して、精神は感覚や身体と独立に機能し（心身の二元論）、精神自身のうちに観念がある（生得説）とする新たな認識論を立てようという意図に貫かれているのである。

3　神の存在証明——結果からの証明

†デカルト哲学すなわちコギトではない

デカルトはこのようにして、「私は考える、ゆえに私はある」という命題を哲学の第一原理としてたて、「私とは考えるものにほかならない」という「私」の本質規定を設定するのであるが、ここまでのデカルトの思想にデカルトの形而上学が集約されるのではない。ここまでの議論は『省察』全体の三分の一にすぎない。

これまで、とりわけわれわれの国では、デカルトといえば「我思う、故に我有り（私は考える、ゆえに私はある）」の哲学者であり、近世の観念論の祖とか近世の意識中心主義の哲学の原点とかいわれてきた。これはしかし、その点を高く評価したヘーゲルに始まるドイツ観念論の歴史哲学や哲学史観によるところが大きい。

しかし、デカルトは、コギトの原理を定立したところで、数学的真理をも疑わせることになった「欺く神」の想定の当否をあらためて検討し、そこで「私」の存在を超え、それを根拠づけることになる「神」の存在の証明を展開し、神は欺瞞者ではないという帰結を導く。デカルトの形而上学は、コギトを中心とした観念論的体系ではなく、結局は、「神」の存在を頂点とする形而上学を構成することになるのである。このことは一見すると、「私」の存在を第一原理とする哲学から中世のスコラ哲学に戻るような印象を与えるかもしれない。実際にそういう面があるといってもよい。しかし、デカルトにおいては、神の存在証明は彼の新たな数学的自然学を基礎づけるためには不可欠なのである。また、それは、「私の存在（意識といってもよい）」を原理としながら、それを超えた外在的見地にどのようにして達しうるかという、その後の近代哲学が直面しなければならない難問への、その原理を立てた者自身による解決を示したものと解しうる。

この節では、デカルトがコギトから出発しながらどのようにして神の存在証明を果たし、それはどのような意味で彼の哲学体系において決定的な役割を果たすことになるのかということをのべることにしたい。

†神の存在証明とキリスト教

そこで、デカルトの「神の存在証明」の話に入る前に、しばしば提示される次のような疑問に対してひとことのべておかなければならない。それは、デカルトが神を論じる場合、キリスト教の神を論じるのであるから、キリスト教という宗教の教義自体が十分に理解されていなければ議論を理解することはできないのではないか、という疑問である。この疑問に対しては、デカルトが論じる神は、キリスト教の神学においてあつかわれる神ではなく、われわれが誰しも生まれながらにしてもっている「自然理性」によってあつかわれる神であり、聖書によることなく哲学によって論じられる神である、ということをいっておかなければならない。神学というものを広くとっていえば、デカルトが論じる神は、聖書にもとづき啓示の真理をあつかう啓示神学の立場によるものではなく、自然理性にもとづく自然神学の見地から理解される神なのである。

したがって、デカルトの神の存在証明を理解するのに聖書や啓示の真理が前提される必要はなく、それはあくまで自然理性によって哲学的に理解できるものなのである。もちろん、デカルトがあつかうのは、多神教ではなく一神教の神であり、すでにのべたように、すべてを無から創造する全能の神であって、これからのべるように無限で最高に完全なる神である。しかし、デカルトの神の存在証明を理解するのに、そのような理性による理解以上に、聖書と教会の伝統にもとづく「三位一体の神」の理解といったことは必要とされることはないのである。

†第一の存在証明――「神の観念」からの証明

その神の存在証明であるが、デカルトはそれを三つ展開している。『省察』によれば、まず第三省察で、「結果からの（アポステリオリな）証明」と呼ばれる二つの証明が展開され、第五省察で、「アプリオリな証明」といわれるものが提示されて、この第三の証明はのちに「存在論的証明」と呼ばれることになる。

そこで、神の存在証明は、コギトの定立のあとで与えられているのは、「私」の存在とその本質の知識およびもろもろの観念のみであるから、諸観念の本性やそれが表現する内容の吟味によって果たされることになる。

まず第一の存在証明からみていこう。そこでは、諸観念が、「私」の本性に由来する「生得観念」と、「私」がつくりあげた「作為観念」、および感覚を介して外から来たと思われる「外来観念」に分類され、そこで、とくに外来観念がとりあげられる。外来観念は私の意に反して与えられるものであり、何らかの私の外なるものの存在を示すと考えられるからである。しかし、デカルトはこの段階では、外来観念が実際に外的対象に起因し、それに似たものとしてあることを否定する。それは、この段階では、感覚や身体の存在はなおも疑われており、しかも「私」の存在とその本質の認識は与えられているものの、「私」の境界はまだ画定されておらず、「私」の意に反して来るといっても、それは私にはまだ知られていないが、私のうちにある何らかの能力に起因するのかもしれない、と考えられるからである。また仮に、外来観念が外的対象に起因するとしても、その観念がその対象に似ていると考えなければならない理由はないのである。このようなことから、デカルトはこの段階では、感覚の外来観念が、何らかのそれに似た外的対象の存在を告示するという考えは退ける。そこでましてや、そこから神の存在がひきだされるとは考えられない。

そうすると、コギトの地平からその観念を手がかりにして何らかの外的存在を導出するということは不可能ではないかとも考えられる。しかし、デカルトは、そうではなく、もう一つの途があるという。それは、一つ一つの観念が表現する観念内容に注目し、そのなかに、その内容が私によっては形成しえないものが何かあるのではないかとして探究する途である。この方途によって、もしそのなかに、私自身によって形成できないような内容の観念があれば、それは、私以外に、その内容をそれ自体が形成する存在がなければならないことになる（このやり方は、たとえば、私のうちにきわめて精巧な機械についての知識があるとして、その知識は何から得られたのかと探究する場合を考えれば分かりやすい。その場合、もし私にその機械を設計する能力がないとすれば、その知識の原因は、結局、その機械をみずから考案した天才的なエンジニアに求められるほかはないことになる）。

この方途によってデカルトは諸観念の内容を検討する。そこで、ここでは、あえて観念論的見地を押し出して、感覚上の観念のみならず、他者の観念や、物体的事物に関する観念についても、その観念内容の作者として「私」以外のものを想定する必要はないとみなす。このような、この局面での、諸観念の内容は、私自身（すなわち「考えるもの」ないし「意識主体」）を源泉として私のほうから構成されるものであるとするデカルトの考えは、のちのカントの「超越論的観念論」やフッサールの「超越論的現象学」のベースとなるものである。

†「現実無限の実体」としての神

しかしデカルトは、このような観念論的見地も、「神の観念」を前にしては徹底できないことを認める。そこで彼がいう神の観念の内容とは、「ある無限で、独立で、全知かつ全能な、私自身と何であれ他のすべての存在するものをも――もし他に何ものかが存在するならば――創造した実体」である。デカルトは、この神の観念が表現する、とくに神は無限実体であるとする内容は、「私」によっては形成できないことをはっきりと認める。

それは、第一に、私はなるほど実体（思考実体）であるが、有限の実体であり、有限の実体によっては無限実体の観念内容は形成できないからである。デカルトは、われわれのうちに可能的に多くの完全性があり、それがだんだんと無限に現実化されうることを認める。しかし、デカルトが神に認める「無限」というのは、無数の完全性が同時に現実に実現されてあるという「現実無限」であり、これは、可能的にあるものが継起的に無際限に実現されていくという、人間がもっている非完結的で不完全な「可能的・継起的無限」と本質的に異なり、それからは形成できないものなのである。デカルトによれば、むしろ、そのような「現実無限」の観念が先に与えられていてはじめて、ますます完全性を増大させようという人間の「継起的無限」のありかたが可能になる。その意味で、「無限者（すなわち神）の認識」のほうが「有限者（すなわち私）の認識」よりも先だといわなければならないのである。

†「最高に完全な存在者」としての神

第二に、このことは、『省察』の原点にもどって考えれば了解される。そもそも、コギトの核心である「私は疑う」ということ、あるいは「私は欲する」ということを理解するのは、私には何かが欠けており、私はまったく完全な存在ではないということを理解することであり、そのことは、より完全な存在の観念が先にあり、それとの比較で私の欠陥を認めるということにほかならない。

「私は疑う」ということから、まずは直接的に「私はある」が帰結されるのであるが、「私は疑う」ということを突きつめれば、「最高に完全な存在者」の観念が先にあるということが理解され、その観念が表現する内容はもちろん「私」によって形成されうるものではなく、その存在は「私」を超えた存在として確信されているのでなければならない、ということになるのである（「最高に完全な存在者」の存在が、確信されてあるのではなくて、「私」の思考表象の単なる対象であるならば、「私は疑う」とか「私は欲する」というありかたは生じない）。

このようなことからデカルトは、「神」の観念内容を前にしてみずからの有限性と無能力性をきわだたせ、そこからその観念を外から刻印した存在として神の存在を帰結するのである。

†第二の存在証明――「私の存在」の原因としての神

次に、第二の神の存在証明の話に移ろう。これは、第一の存在証明と同じく、「私」のうちにある神の観念を軸として展開されるものであるが、ここでは、その観念内容の原因として神の存在が帰結されるのではなく、そのような神の観念をもつ「私」の「存在」の原因が探究される。しかし、ここで探究されるのは、光の原因としての太陽のような、それが存在しなければその瞬間に当のものも存在しなくなるような「存在の原因」である。しかもそれは、「私」が「考えるもの」であるかぎりの存在の原因であり、さらには「私」が「最高に完全な存在者」の観念をもつかぎりでの存在の原因である。このような存在は、生物学的原因のような「生成の原因」ではない。それならば、子供に対する両親の場合のように、原因が存在しなくなっても結果としての存在は存続しうる。また、そのような「最高に完全な存在者」の観念をもった「考えるもの」としての「私」の存在は、過去に存在したからといって現在も存在しうるものではない。というのも、デカルトによれば、時間の持続は無限分割可能であって、おのおの部分は相互に依存関係にはなく、少し前に存在したからといって今も存在しうるとはいえないからである。

そもそも「私は考える、ゆえに私はある」の原点にもどっていえば、「存在するためには、考えなければならない」のであって、考えるのをやめたとたんに「私」は存在しなくなるのである。それも「無限で最高に完全な存在者」の観念をもって、「疑い欲する私の存在」が問題なのであるから、そのような神の観念内容の形成者たりえない「私」は「私の存在」の原因たりえないのである。このことをデカルトは、もし「私」が神の観念をもつ「私の存在」の原因であれば、「私」は不完全な存在者として疑ったり欲したりしないはずで、私自身があらゆる完全性の原因でありうるはずだから、そうなれば、私自身が神になることになる、といっている。

この結果、デカルトは、「私の存在」の原因は、それ自身が無限かつ最高に完全な存在で、それ自身がみずからの存在の原因である「自己原因」としての神でなければならないという。ここで「自己原因」というのは、それまで神について考えられてきたような、「存在するために他に原因を必要としない存在」として消極的に考えられる存在ではなくて、積極的な意味で、それの「広大無辺で理解不可能な能力」によって自己自身の存在の原因である存在である。この「自己原因としての神」という概念は、デカルトの直後のオランダの哲学者スピノザの哲学の第一の概念となった(「自己原因」という概念は、スピノザの主著『エチカ』において、そこで最初に提示される「定義」の第一となっている)。

4 神の存在証明――存在論的証明

†存在論的証明

デカルトは、『省察』で以上のような、二つの、結果からの（私の内にある神の観念および それをもつ私の存在からの）神の存在証明を展開したあと、第五省察において、あらためて、「神の本質」そのものから「神の存在」を帰結するというアプリオリな証明を展開している。

それは、たとえば、三角形の観念に内角の和は二直角に等しいということが不可分に結合しているのと同様に、神の観念が示す「最高に完全な存在者」という神の本性には常に「存在する」ということが不可分に属しており、したがって神は存在する、というものである。ひとことでいえば、神においては本質と存在とは不可分であり、したがって神は存在するというものである。これは、中世十一世紀の神学者アンセルムスによって提示されたものと同様のものである。ただ、アンセルムスは神の「定義」から背理法によってその存在をひきだすのに対して、デカルトは神の「本性」から直接その存在を帰結しており、その点で二人の論証は異なる。しかし、二つは実質的には同じもので、先にのべたように、このような証明は、のちに「存在論的証明」と呼ばれることになる。

†ガッサンディとカントによる批判

これは、デカルトの同時代では論敵ガッサンディによっていち早く批判され、スピノザとライプニッツは受け入れ（ただし、前述のように、ライプニッツにとっては、「最高に完全な存在者」という概念に矛盾が含まれないということの理解が必要とされる）、カントが、あらゆる神の存在証明が帰着するものであるが、学問的論証としては無効であるとしたものである。ガッサンディとカントの批評は、本質的に同じ点に帰着し、それは「最高に完全な存在者（最も実在的な存在者）」といっても、それは「概念」にほかならず、概念からは「現実存在」は出てこない、というものである。

このデカルトの存在論的証明について、ガッサンディやカントの批評に接すると、すぐにでもその批評に同意したくなるが、デカルトのために弁護しておかなければならないことがある。それは、デカルトはこの証明をまずは、三角形の概念とその性質の不可分離性を手がかりにして、「最高に完全な存在者」という概念から現実存在をひきだすのであるが、そのあとの箇所や『答弁』で、数学的真理の必然性や山と谷の不可分離性などの概念と、神の本質と現実存在との不可分離性との間の本質的な区別を強調している、ということである。デカルトはそこで、山と谷との不可分離性からは、それらの「存在」はでてこないのであり、また「最高に完全な物体の観念」というものは考えられるが、そのことからはその物体の「存在」は帰結しないと、わざわざ断っているのである。これはガッサンディやカントの批評を予想したものといってよい。

†「最高に能力ある者」としての神

これに対して、デカルトは、神の観念が示す神の本質は神の必然的存在を含んでおり、そのようなものは神の本質のみだというのである。それで、神の本質のみがその必然的存在を含むということについて、デカルトは『答弁』で解説を施しており、そこで「最高に完全な存在者」というのを「最高に能力ある者」とおきかえ、そのような「広大無辺な（無限な）能力」をもつものはその固有な力によって存在する、と主張しているのである。このように、デカルトは、神に関して不用意に概念と存在とを混同したのではなく、神を人間の理解を超えた「無限な能力をもつ存在」とみなし、その理解にもとづき存在論的証明を展開しているのである。

†「神の誠実性」と「明証性の規則」

このような三つの神の存在証明を果たすことによって、デカルトは「欺く神」の想定を排除することができることになる。というのも、それによって証明された神は「最高に完全な存在者」であり、「欺きうる」ということはなにほどかの明敏さないし力を示すとしても、「欺こうと欲する」ということはあきらかに悪意ないし弱さを示すもので、これは神の完全性には反するからである。そこで、神の存在から「神の誠実性」を帰結できることになる。そこからデカルトは、「私が明晰判明に理解するものはすべて必然的に真である」という「明証性の規則」を確立する。なぜなら、われわれが、われわれ自身明晰判明に理解するものに関しても誤るのであれば、われわれの作者としての神は誠実でないということになるからである。

ここで留意しなければならないのは、デカルトは、このようにして確信された神にあらゆるものが依存しており、（数学的真理のような）明晰判明な知識の確実性や真理性そのものも、じつは、神を作者（創造者）とすると明言していることである。ひとことでいえば、「明証性の規則」自体が神の創造にもとづけられるのである。ここに数学的真理をも創造したとする「永遠真理創造説」の神が確立されることになる。しかもここで、数学的真理をも創造したが、それについて人間を欺こうと欲しない神が確立されることになるのである。ここに、「私の存在」と「私の本質（考えるもの）」の現実的認識を除き、あらゆるものがその創造者としての神に依存し、明晰判明な観念もコギトに起因するものではなく外から神によって刻印されたものであるという、コギトを原理とする観念論的見地から神の形而上学への存在論的転回がもたらされることになる。

5　誤謬論と自由の概念

†われわれはなぜ誤るのか

このようにして、神の存在とその誠実性およびそれにもとづく明証性の規則とが確立されるのであるが、ここで問題にしなければならないことがある。それは、神が人間を本性的には誤らないものとして創造したとして、しかし事実としてわれわれは誤謬を犯すが、これはどう説明されるのか、という問題である。いいかえれば、「明証性の規則」が設定されたところで、人間はいかにして誤謬を避けうるのか、ということが問題になるのである。

†知性と意志――誤謬の原因と除去

これについてデカルトはまず、われわれの能力には、ただ観念を認知するのみの認識能力すなわち知性と選択能力すなわち自由意志があり、判断は意志が知性の提示するものに対して肯定・否定の決定をするところにあると考える。ところで、知性が及びうる観念の領域は限られているのに対して、肯定・否定の能力としての意志には限界はなく、ある意味で無限であり、その点で意志は神の似姿でさえある。そこでデカルトは、誤謬は、意志が知性によって明晰判明に認知されていないものに対して早合点して肯定・否定の判断を下すことから生じると考える。そうすると、意志が、知性が明晰判明に提示するものにのみ肯定または否定の判断をするように自己抑制すれば、誤ることはないということになる。誤謬は自由意志の正しくない使用に由来するのである。

ところで、このような考えに対してデカルトは、人間と神の関係についてのある反論を予想し、それに対する答弁を提示している。その反論とは、神はなぜもっと大きな知性能力を人間に与えなかったのか、またなぜ意志を知性よりもより広大な範囲に及ぶものとして与え、そうして意志が誤りうるようにしたかということ、ひとことでいえば、なぜ神は人間がけっして誤らないようなものとして創造しなかったのか、ということである。

これに対してデカルトは、まず、知性が多くのことを理解できないのは人間知性の有限性にもとづくことであり、その有限性は創造された人間の知性の本質であるから、そのことに関して創造者に不平をいうべきではないと答える。また人間の意志が広大で知性が有限であるために意志が判断を誤ることがあるということは、神に関係づけていえば、たとえば人間は翼をもたないという意味での「否定」と解されるべきであり、人間自身にとっていえば、避けることのできる欠陥すなわち「欠如」とみなすべきである、という。そして、その欠如すなわち誤謬を、人間は、「ものごとの真理が明白ではないときにはいつも判断を下すのを差し控える」という手段によって防ぐことができ、そうして誤謬に陥らないという習慣を手にすることができるのである。そこでデカルトは「まさにこのことにこそ人間の最大の主要な完全性が存する」という。

いいかえれば、人間の最高の完全性は自由意志によって行為するということにあり、そのゆえに賞賛されたり非難されたりするのである。実際に、デカルトがいうには、自動機械は正確に作動するからといって賞賛されることはなく、賞賛されるのはそれを自由に製作した技術者のほうである。

したがって、意志の及ぶ領域が知性の領域よりも広く、そのために誤りうるということは、むしろ人間の完全性の体現のための条件なのである。デカルトによれば、誤りうるという状態のなかで、意志が自己抑制することによって誤らないようにするということにこそ人間の完全性があるのである。

†自由の概念──「無差別の自由」をめぐって

このデカルトの「誤謬論」で前面にでてくる「自由意志」の問題についてここで少しふれておかなければならない。右でのべたように、デカルトはあることを肯定することも否定することもできる意志というものを、ある意味で無限でその点で神の似姿であるとさえみなし、これが判断や行為の主体であると考える。

一般に、「自由」については、複数の選択肢から自由に一つを選び決定するという「選択の自由」の概念と、自由は選択ということにではなく、行為において外的な強制がないということにあるとする「行為の自由」の概念がある。このことは、判断に即していえば、あることに同意することも同意しないこともできるという「無差別（非決定）の自由」を強調する立場と、明証的知識に同意しないという自由はなく、むしろそれに自発的に傾くことに自由があるとする立場がある、ということである。

これらの点をめぐって哲学者のあいだで見解がわかれる。デカルトの同時代の唯物論者ホッブズは、「選択の自由」というものをまったく否定し、意志決定というのは、それ自身物質的運動にほかならないさまざまな欲求の競合のなかで残った「最後の欲求」であるという。またスピノザは、自由な判断とは事物のあいだの必然的連結の認識と一体のものであり、「(他のことも選択しうるという)選択の自由」あるいは「無差別の自由」というのは無知に由来する幻想にすぎないと主張する。またライプニッツは、自由というのは、個々人(モナド)が、自己に固有の法則にしたがい、ある優勢な理由にもとづいて行なう自発的な活動にほかならず、いずれをも選択しうるという「無差別の自由」は認めない。さらにマルブランシュは、手段的な特殊な善に対しては選択の自由は認められるが、「究極目的(神)」すなわち「善一般」への意志については、選択の自由はありえず、それはむしろ神に由来する必然的な運動であると解する。

これに対してデカルトは、「選択の自由」あるいは「無差別の自由」というものを自由の本質と解し、それを担う自由意志を精神活動の核心を構成するものと考える。ただ、この点については、一つ注釈を必要とすることがある。それは、彼が、先の第四省察の「誤謬論」のコンテクストでは、選択肢のいずれにも傾かない「非決定(無差別)の自由」を「最も低い段階の自由」と断じ、ある明証なことがらに外的強制なしに向かう自由のほうを評価しているということである。ところが、『哲学の原理』では、「無差別の自由」を積極的に評価し、これほど自明なものはないといっているのである。このことについては、デカルトは『省察』の時と『哲学の原理』の時とで異なる自由の概念を採択し、これは執筆の時の宗教事情とその動機のちがいを反映した「神学的折衷主義」にほかならないとする解釈もある。

†自由の二つの段階

しかし、この点は、『省察』の議論の進展に即して考えねばならない。デカルトがいうこの自由の二つの側面は、彼の自由の概念の二つの段階を構成するものなのである。実際に、第一・第二省察において行使されているのは、「欺く神」にも対抗して、数学的真理を含めて何に対しても同意しまいとする「無差別の自由」そのものであり、これの行使の直接的帰結としてコギトの原理が得られるのである。これに対して、「誤謬論」でとりあげられるのは、「神の誠実性」によって保証される「明証性の規則」にもとづき、自由意志を抑制して真なる判断を行なうという段階のものである。それで、自由の力点が「無差別の自由」から「明証知への同意」へと移されるのであり、これは自然なことなのである。このことは、ある書簡(「メラン宛の書簡」)で明解に解説されている。

それによれば、自由には二つの段階があり、第一のものは、意志の行為において、行為の遂行の前になされるもので、それは、明証的に知られた善や真理に対してもそれに同意するのを差し控えうるというものであり、これによってわれわれは積極的な能力としての「無差別の自由」を体得できるのである。

それに対して、第二のものは、意志によって「明証知」に対して同意したあとの、行為を遂行する段階のもので、その段階の自由は、非決定を含まない「遂行の容易さ」ということにあり、「自発的」ということと同じである。このように、デカルトによれば、自由というのは、まずは「無差別の自由」というものを体現し、そのうえで、みずからの決定として明証知に同意し自発的に行為を遂行するということにあるのである。このような、自由意志を軸として、先にのべたように、誤謬を避けるべく自由意志を最大限に使用するという考えは、のちにのべる、「高邁の心」を核心とした道徳論へと発展するものである。

6　物質的事物の本質

†数学的規定

前節では、「神の存在証明」と「明証性の規則」の設定をうけて、それではなぜわれわれは誤るのかという「誤謬論」を論じ、それにかかわるデカルトの「自由の概念」をとりあげた。そこで、『省察』の本筋にもどり、「神の存在証明」が果たされ「明証性の規則」が確立されたところで、この形而上学が、何度ものべた、新たな数学的自然学の構築ということにどうかかわるのか、ということをあらためて問題にしなければならない。

そこでまず第一にいわなければならないことは、この神の存在証明が果たされ、神の誠実性にもとづく明証性の規則が設定されることにより、「物質的事物（物理的対象）の本質」を数学的に規定できることになるということである（「物質的事物の本質について」というのは第五省察の第一のタイトルである）。というのも、「われわれが明晰判明に認識するものはすべて真である」という「明証性の規則」において、第一に「明晰判明に認識するもの」ということでデカルトがもっぱら意味するのは「純粋数学の対象（数論や幾何学の対象、とくに幾何学的延長）」ということであり、第二に、それが真であるというのは、デカルトの場合、そのようなものを神は現実に物理的自然に創造しうる、ということだからである。それで、われわれが知性によって明晰判明に理解する数学的対象は、物理的自然を構成するものとみなしてよいと考えられる。ここに、前に言及した「永遠真理創造説」が与える構図が実現されることになる。その説とは、神が数学的真理を創造し、それを一方で人間知性のうちに刻印し、他方でそれによって物理的自然の法則を構成した、というものであった。それゆえ、人間は、自らの知性に与えられた数学的対象の観念にしたがって、物理的自然の構造の探究に邁進してよいということであった。「明証性の規則」の設定ということは、右にのべた意味で、この永遠真理創造説の自然哲学を実現する規則なのである。それで「われわれが明晰判明に認識するものは真である」といわれる場合の「真理性」とは、われわれが知性によって明晰判明に認識する数学的対象は不変的本性をもつということにとどまらず、それは物理的自然の普遍的構造を構成するということなのである。

†数学的自然学の可能性の基礎づけ

実際にデカルトは、第五省察の最後で、「明証性の規則」を明言したあと、神やその他の知性的なことがらに加えて「私には純粋数学の対象であるところの物体的本性すべてが明らかに知られ確実でありうる」とのべ、第六省察のはじめのところで、よりはっきりと、「物質的事物は、純粋数学の対象であるかぎり存在しうる、私はそれらを明晰判明に認識するのだから。というのも、神が、私が明晰判明に認識しうるものはすべて作出しうるということは疑いないからである」といっている。こうして、神の創造を根拠として、物理的自然の構造を知性が明晰判明に理解する数学的対象によって解明しようという数学的自然学の可能性が基礎づけられることになるのである。

ここで、以上のことを現代風にいいなおすならば、それは、まずはわれわれの理論的知性に与えられてある数学的対象によって物理的世界の理論を構成し、それによって現実の物理的世界の普遍的構造を解明していこうという見地の正当化を意味する。このことによって、直接的には感覚が面する世界にほかならない物理的世界を、なぜ、まずはわれわれの知性によって捉えられる抽象的な数学的対象によって理解しようと企ててよいのかという問題に、答えが与えられることになる。ひとことでいえば、以上のことは、近代科学の、数学を軸とした理論物理学の手法の基礎づけを意味するのである。

7 物質的事物の存在証明

†物質的事物の存在証明の必要性

この、デカルトの数学的自然学の基礎づけは、以上で終わるのではない。以上の話は、明晰判明な数学的対象によって構成された理論は物理的世界の構造に対応しうるということの基礎づけであって、現に物理的世界がそのようなものとして存在するということではない。しかもデカルトの場合は、『省察』の当初の普遍的懐疑で外的物理的世界が疑われ、その存在が否定されており、他方で「永遠真理（数学的真理）創造説」によって、われわれが構成する数学的理論が唯一であって必然的に神の創造物である物理的世界に妥当するとはいえない。そこで、物理的世界がわれわれと独立に現に存在し、それがわれわれの知性が把握するとおりに存在するということを確証する必要がある。最後の第六省察はそのことを第一の目的として展開される。

それでは、デカルトにおいて、物質的事物の世界すなわち外的世界の存在証明はどのようにしてなされるのであろうか。これは、人間精神を人間の認識の第一の対象とする立場において、人間精神に外的な物質的世界はいかにして発見されるかという問題となる（この問題は、コギト〔私の意識〕から神の形而上学へどのようにして超出しうるかという問題に比較していえば、私の意識の世界から外的物質的世界へとどのようにして超出できるのかという問題になる）。

†想像力

そこで、デカルトが外的物質的世界への通路としてまず考えるのは、「想像力」である。というのも、想像力においては、たとえばある多角形を想像するという場合、ある特別の「精神の緊張」というのを経験するが、これは知性認識にないものである。これはしたがって、精神の本質に属さず、何か「私」とは異なったものに起因すると考えられる。そこでデカルトは、知性的に認識するときには精神は自己自身に向かうのに対して、想像するときには、何らかの物体が存在するとして、精神はそれへと向きなおり、そのうちに知性的に認識されたものや感覚によって知覚された観念なりに対応するものをみると解すると、想像力というものがよく説明されると考える。しかし、これはあくまで物体が存在すると仮定すれば想像力の働きはこのようにうまく説明できるということであって、ここからは、物体の存在は蓋然的に推察されるのみで、必然的に帰結されることはない。デカルトは、想像力にはある種の緊張感があるものの、それは精神が想定されている対象に自分の観念を投影するという働きであり、したがってそこには主観的作用が介入しており、想像力を外的世界への必然的な通路とはみなしえないと考えるのである。

†感覚の復権

そこで次にデカルトがとりあげるのが感覚である。感覚は外的なものであれ内的なものであれ、『省察』の当初で普遍的懐疑によってその認識能力の信憑性が疑われたのであったが、ここで再考されることになる。それは、この段階では神の存在証明が果たされ、その誠実性が帰結されたのであるから、「私自身と私自身の作者をよく知りはじめた」ことになり、そうすると、感覚も神によって創造されたものであるかぎり、何らかの意味機能をもつはずだと考えなおされることになるからである。そこで、感覚にも知性とは異質な何らかの機能があるのではないかと考察されることになるのである。この点は、のちにのべる「心身問題」におけるデカルトの「心身合一」の概念と並んで重要である。デカルトは、しばしば、近代観念論の祖とみなされ、感覚の役割や身体性の意義を考慮しない哲学者とされたりするが、彼自身は、感覚や身体機能を単に観念論的構成の質料的素材とみるのでなしに、それに固有の意味機能をはっきりと認めるのである。

†精神と身体（物体）との実在的区別

さて、デカルトは、感覚自体の検討に入るまえに、「物心（心身）の二元論」の論拠となる「精神と身体（物体）との実在的区別」の議論を展開する。なぜそれがここでなされるのかということの意味は次にのべるとして、その議論をまず提示しておこう。それは次のようなものである。

まず、「私が明晰判明に理解するものはすべて、私の理解するとおりに神によって作られうる」という「明証性の規則」にもとづいて、ここで、「一つのものをもう一つのものなしに明晰判明に理解することができさえすれば、一方が他方と（実在的に）異なったものであることを確信するのに十分である」という、「明証性の規則の系」というべきものが設定される。そこで、「私は一方で、私がただ考えるもので、延長をもつものでないかぎりで、私自身の明晰判明な観念をもっており、他方で、身体（物体）がただ延長をもつもので、考えるものでないかぎりで、身体（物体）の判明な観念をもっている」ということが明らかにされ、そこから「私が身体（物体）から実際に区別されたものであり、身体

（物体）なしに存在しうることは確実である」ということが帰結される。ここで、「明証性の規則」とその「系」にもとづいて、精神と身体（物体）の関係について、「私の理解」のレヴェルで「一方を他方なしに明晰判明に理解しうる」ことから、「実在」のレヴェルで「一方が他方なしに存在しうる」、ということが結論されるのである。このことによって、現実のそのつどそのつどのコギトの働きをこえて「私の本性あるいは本質はただ考えるものであるということだけにある」と主張してよいことになる。また、およそ「考えるということ（意識）」を構成するもののみが「私」を構成するものであるとして、「私」の領域が画定されることになる。

しかし、ここで問題がある。それは、この段階ではまだ物体の存在の証明はなされていないのであり、なぜ、そのまえに「物心（心身）の実在的区別」がなされるのか、ということである。物心（心身）の実在的区別は物体の存在の証明がなされ、そのあとで、相互に比較してなされるべきものではないのか。こういう疑問が生じる。この問題については、デカルトにおいて「実在の」ということと「現実に存在する」ということが区別されているということを指摘しておかなければならない。「明証性の規則」にしたがっていえるのは、精神と身体（物体）について、それらが一方なしに他方を明晰判明に理解できるものであるのならば、それらは別々に実在的に存在しうる、ということである。そこで、コギトについては、その現実存在はすでに定立されているが、それに加えて、この「実在的区別」によって、コギトが存在しうる領域が画定され、同時に、それと本質的にまったく異なるもの（すなわち延長を本質とするもの）が指示され、それによって、精神にとって全面的に外在的な現実存在（物質的事物）の探究が可能となるのである。

†物質的事物の存在証明──身体操作の能力と感覚の受動性

それでは、そのような精神にとって全面的に外在的な物質的事物の存在は、結局、何を介して認識されるのであろうか。

それは、まず第一に「場所を変えたり、さまざまな姿勢をとる」という身体の操作能力を介してである。デカルトによれば、これらの身体操作の能力は、何らかの実体に属すべきものと考えられるが、それらの能力の概念には、延長は含まれているが、いかなる知性作用も含まれておらず、したがって「延長をもつ実体すなわち物体的実体」に属すべきである。デカルトは、想像したり感覚したりして認識する能力ではなく、場所を変え身体を操作する能力というものに、その場所的変化や身体の作動を支えるものとして（精神と本質的に異なる）延長実体の存在が認められると考えるのである。

第二は、「感覚的事物の観念を受容し認識するという、感覚の受動的能力」を介してである。この感覚的観念の受容ということは「私の意に反しておこる」。このことは神の存在証明の前でも指摘され、そこでは、そのようなことをひきおこす能力が私には知られていないが私のうちにあるかもしれないという理由で、「私の意に反して」ということに、外的事物の存在を告知するものは認められなかった。しかし、今は「物心（心身）の実在的区別」が設定されてあり、そのような能力は私に意識されておらず、いかなる知性作用も前提しないということが確かめられることから、「私の意に反して」という受動的事態は、私と異なるものに起因すると認めてよいことになる。しかも、この受動的事態というのはそれをひきおこす能動的実体の存在を予想し、この受動・能動という関係は因果関係の非対称的関係におきかえられる。そのことから、そのような感覚の観念を外から一方的にひきおこす能動的原因というものの存在がひきだされることになる。しかも、われわれにはその原因は物体的事物であるという「大きな傾向」が与えられており、もしその傾向がまちがっているとするならば、われわれを創造した神は欺瞞者であるということになり、「神の誠実性」に反する。したがって、その傾向は神の誠実性によって保証される。こうして、結局、「物体的事物は存在する」と結論できることになる。

このようにデカルトは、「物心（心身）の実在的区別」をふまえ、知性作用によってはまったくひきおこされない事態としての身体操作の能力や感覚の受動的能力に着目し、それを支えひきおこす存在として物体的実体の現実存在を結論づける。ただ、ここで繰りかえしておかなければならないことは、物質的事物の本質はあくまで、知性によって「長さ、幅、深さ、における延長」として捉えられなければならず、それは感覚知覚によるものではないということである。デカルトは、物体のうちには、感覚知覚が与える知覚性質に似ていないにせよ、それに対応する「多様性」があることは認める。しかしその本質はあくまで知性によって捉えられなければならないのである。そこで、「物質的事物の存在証明」においては、確かに（あらかじめ知性によって捉えられた）「延長」をもつ外的能動的実体としての物質的事物が存在することが証明されるのである。それでデカルトは、「物質的事物の存在証明」を果たしたあと、あらためて現実に存在するものとしての精神と物質（身体）との区別を行なっており、そこで精神を「不可分な存在」、物体（身体）を「（延長を本質とするがゆえに）可分的なもの」と規定している。

このようにしてデカルトは、数学的物理学の可能性を基礎づけるにとどまらず、「延長」を本質とする物質的事物が現に精神の外に存在することを論証した。このことをふたたび現代的にいえば、それは、まずは理論的知性によって幾何学的延長（空間）を基礎として構成された物理的自然についての数学的理論が、技術的実験レヴェルで検証されたということを意味する。もちろん、デカルトの「物質的事物の存在証明」は、その後の科学における、より洗練された、理論の観測実験による検証といったものではないが、原理的にそれに相当するものなのである。

感覚内容の意味

さて、デカルトは、このようにして『省察』において物質的事物の本質の規定とその存在証明を展開し、数学的自然学の基礎づけを果たすのであるが、その『省察』の最後で、以上の議論には収まらない、人間の感覚経験の意味の解明を行ない、それで彼の議論を締めくくっている。

そこでデカルトは、まず、人間が経験するもろもろの事態には、精神は身体に、水夫が舟にのっているような仕方ではなく、直接に結合しているという、心身合一の事態があることを認め、その事態に由来する感覚内容の意味を究明している（ここで心身合一を認めるというのは、デカルトの形而上学の基本的立場は心身二元論であるから問題となるが、それはいわゆる「心身問題のアポリア」を構成することになるもので、この問題はあとの章であらためてとりあげる）。その感覚内容とは、痛みや飢えや乾きといった内部感覚と、色、音、香り、味、熱、堅さ、といった感覚性質である。このうち感覚性質については、それの一つの機能は、先にのべたように、物体のなかにそれに対応する多様性が存在するということを指示することである。しかし、それは物体の多様性を指示するだけで物体の本質を教えるものではない。それの第一の意味機能は、精神と身体の合成体としての人間にとって、何が「都合よく」、何が「都合わるい」かということを教えるということである。このことは、痛みや飢えや乾きにおいて直接的に現われる。デカルトによれば、感覚内容は、物質的事物の客観的認識ということでは本質的な役割を果たさないが、身体と合体した精神には独自の意味機能をもつと考えるのである。

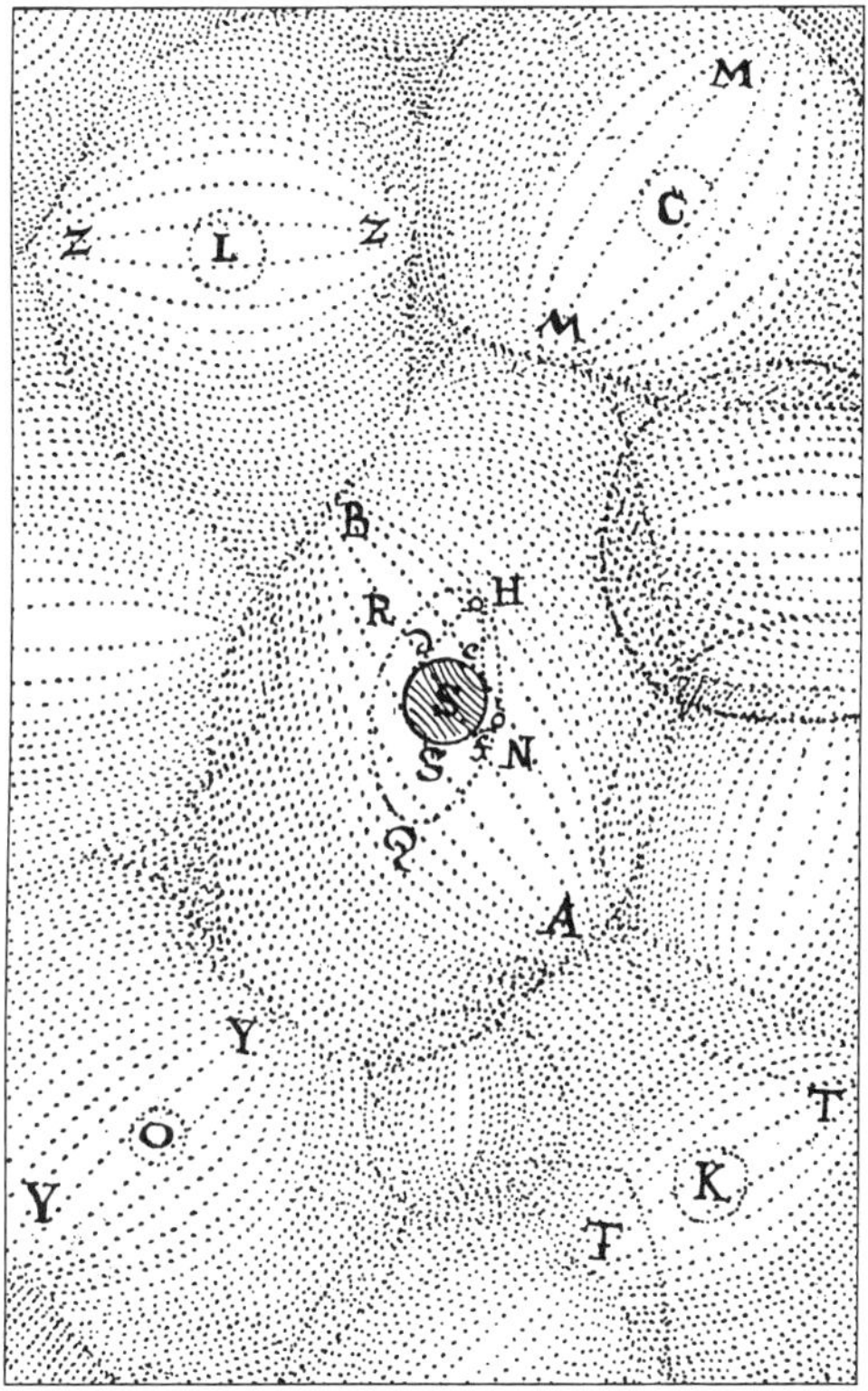

第三章

デカルトの自然学と宇宙論

太陽系の生成を説明するための挿絵(『哲学の原理』第三部より)

1　自然学の基本概念

デカルトは以上のような認識論と形而上学を立てて新たな数学的自然学の基礎づけを行なった。それでは、このような認識論や形而上学にしたがってデカルトが構築し提示した自然学や宇宙論とはどのようなものか、次にその話に入っていこう。

デカルトの自然学と宇宙論（この二つはデカルトにおいては一つのものになる）は『哲学の原理』で大規模に展開される。これは全四部よりなる。すでにのべたように、この書物は題名が「哲学の原理」なので、現代の読者には、認識論や形而上学の書物かと思われるかもしれないが、それにかかわるのは「人間的認識の原理について」という第一部のみで、あとの三部はすべて、広い意味の自然学に費やされる。そこで第二部では「物質的事物の原理について」というタイトルのもとで自然学の基礎概念とその力学的基礎というべきものが提示され、第三部では「可視的世界について」という題で天体論と宇宙生成論が、最後の第四部で「地球について」というタイトルで地球の生成と地上の諸現象とが論じられる。

そのうちで、近代の古典力学の形成という点で最も重要なのはその第二部である。これはデカルト自身の自然学の基礎となるのみならず、そのうちのとくに「自然法則」の部分はのちのニュートンにおける近代力学の形成の直接のベースとなるものである。

†物質即延長のテーゼ

そこでデカルトが第一に提示するのは、「物体の本性を構成している延長と空間の本性を構成している延長とは同一である」という「物質即延長（空間）」のテーゼである。デカルトは幾何学的空間（延長）そのものが物質の本質を構成し、空間があるところに必ず物質があり、この二つは相即的なものと考えるのである。この考えの背景には、彼の自然哲学を構成する前述の「永遠真理創造説」があり、デカルトは幾何学的空間をも神が創造した被造物と考え、それを物質と一体のものとみなすのである。

デカルトはそこで、このテーゼから、「この宇宙には真に不動の点はみいだされない」という、空間に関する徹底した相対的概念をひきだす。というのも、真に不動の一点というものを指定しようと思えば、この後のニュートンのように、それ自身は物質から独立で不動の空虚な「絶対空間」というものを考えなければならないであろうが、これは、空間があるところに必ず物質があるとするこの「物質即延長」のテーゼと相容れないからである(ついでにいえば、デカルトは事物の「持続」も事物と一体的に考えており、「時間」とは人間の側の思考様式にほかならないと考える。これらの点では、デカルトの考えはのちでのべるようにニュートンの考えと本質的に異なる)。

†このテーゼからの帰結

デカルトは、この「物質即延長」のテーゼから物質的自然についての重要な帰結を導き出す。それは第一に「真空」の否定であり、第二に「物質の無限分割可能性」である。デカルトの自然学は、ときどき十七世紀における「古代原子論」の復活の一環とみなされるが、これは正確ではない。彼は、古代原子論の特質である「原子(不可分なもの)」と「真空」の存在を否定するからである。

ただし、このあとの「宇宙論」のところでのべるように、デカルトは物質の究極要素を宇宙生成論の観点から最終的に三種類の要素に還元しており、その意味でデカルトの自然学は「粒子論」である。しかし彼は光の本性については「波動説」をとっており、その自然学はしたがって粒子一元論ではない。

このような「物質即延長」のテーゼからの帰結に加えてデカルトはさらに、次の二つの自然観に関する重要な考えをつけくわえる。一つは、「宇宙の無際限性」の明確な主張である。デカルトはこの宇宙を幾何学的空間のもとに理解し、それは無際限に拡がるものであって、しかもその無際限な延長空間には必ず物質が存在すると考えるので、この宇宙は、彼によれば、無際限に拡がる物質的宇宙ということになる。こうして、「物質と延長との同一化」は「宇宙と無際限空間との同一化」を帰結することになる。無限宇宙の概念自体はデカルトがはじめて提示したものではない。これは、デカルトに近いところでは、ジョルダーノ・ブルーノによって打ち出されていた。しかし、デカルトにおいて、宇宙は、完全に物質的な無限宇宙として、また、すぐあとでのべるように、「慣性法則」という力学的根拠のもとに無限なものとして、物理学史上はじめてはっきりと主張されることになったのである。

第二は、「天空の世界と地上の世界との等質化」である。「物質即延長」のテーゼによれば、物質の延長と空間の延長とは同一であり、同じ延長があらゆる物質の本質を構成するのであるから、天空の物質と地上の物質とは当然、等質のものであると考えられなければならない。これによって、ガリレオやデカルト以前まで支配的であった、天空の世界と月下の地上の世界とは本性的に異質な世界であるとする階層的自然観が根本的に覆され、宇宙全体を等質のものとする近代の自然観が設定されることになる。この点でのデカルトの役割は、ガリレオと比較しても決定的である。というのも、これも後述するように、ガリレオは、それまでの伝統にしたがって宇宙における運動を構成する一様単純運動（慣性運動）は円運動であるとみなしつづけたのであるが、デカルトは、宇宙全体における基本運動（慣性運動）は等速直線運動であると規定し、したがって宇宙はどこまでも等質で無機的な無限宇宙であると主張するからである。

†運動の定義――位置変化としての運動

「物質即延長」のテーゼにつづくデカルトの第二の基本的概念は、物体の運動の概念である。デカルトは運動を、「ある物体が一つの場所から他の場所へ移りゆく作用」すなわち空間上の「位置変化（場所的運動）」とのみ規定する。これは現代からみるとあたりまえのことと思われるが、これは、それまでにない、近代の物理学の運動概念の本質を構成する概念なのである（ガリレオも当然、運動をこのように規定し、「自由落下の法則」の定式化がなされる『新科学対話』の章は「場所的運動について」と題されている）。

それまでの自然学を支配してきたアリストテレスの自然学によれば、運動には、実体の生成消滅は別として、位置変化のほかに、量（嵩）の変化や性質変化があり、物体の運動はこれらのすべての面（とくに感覚知覚上の性質変化の面）で記述されねばならないとされた。

これに対して、デカルトは、自然学上の運動をすべて位置変化に還元し、そうして物体の運動をすべて幾何学的に記述しうる空間上の変化としてとらえる。近代の物理学は運動についてのこのような理解とともにはじまるのである。

ついでにいえば、アリストテレスによれば、運動は一般に、（デカルトの引用にしたがうと）「可能態にあるものの、可能態にあるかぎりでの現実態」と定義され、運動は、物がそれに固有の目的や形相を実現する（可能態から現実態への）過程と解された。アリストテレスは物の運動を生物の成長過程をモデルとしてとらえたのである。このような考えにしたがえば、運動は物のもつ目的や形相を実現しようとする内的本性を捨象してはとらえられない。

またアリストテレスによれば、運動の一側面である位置変化についても、天体を構成するのは永遠で完全な円運動、地上の自然な運動は、出発点から目的地への直線運動と規定され、天体や地上の運動は、全体として秩序を形成するものと考えられた。このような運動概念にしたがうと、運動は、物の内的な方向性と独立には理解されず、運動を時間と空間の相関関係とのみとらえることは原理的に不可能である。そこからはまた、物体の内的な本性や方向性を捨象することになる「運動の運動」すなわち「加速度」の概念はひきだしえないのである。アリストテレスの自然学は数学的物理学というものをその原理から排除するものであったのである。

2　自然法則

†三つの自然法則

デカルトは以上のような自然学の基本的概念を提示したあと、次に、個々の運動の原因の解明にとりかかり、そこでまず彼は「宇宙における運動量の保存の原理」という大枠を設定する。そのうえで彼は三つの「自然法則」を立てる。これが近代の力学の形成に具体的に寄与するものとなる。その第一は「いかなるものも、できるかぎり同じ状態を持続し、外的原因によってでなければけっして変化しない」という「慣性の概念」である。第二は、物体の個々の瞬間において保存される基本運動は直線運動である、という「直線運動の概念」である。第三は、運動量保存法則のもとでの「(二物体の) 衝突法則」で、そこでは、完全弾性体が扱われ、物体の大きさと速度のちがいに応じて七つの規則が提示される。

†「慣性法則」の確立

この三つの自然法則のうち、第三の衝突法則は、運動量の保存法則のもとに、衝突問題をとりあげた点で歴史的価値があるが、その七つの規則のうち正しいのは第一の、大きさと速度（の絶対値）が等しい二つの物体の衝突という場合のみで、他はまちがっており、定式としては、まったく不備なものである。しかし、第一と第二の法則は、近代物理学の形成史上、画期的な意味をもつ。それが示す慣性概念と基本直線運動の概念が合体されると、それによってはじめて、「物体は外的原因に妨げられないかぎり等速直線運動をつづける」という「慣性法則」が確立されることになるからである（ちなみにデカルトは、ある書簡で、この二つの概念をはっきりと一つのものとして定式化している）。これがのちにニュートンに受け継がれ、彼の「運動の第一法則」を構成することになるのである。

この「慣性法則」の確立の自然観や物理学の歴史上の意義はとくに強調されなければならない。その意義の第一は、これによって、それまで支配的であった自然観や宇宙観が具体的かつ根本的に覆されることになったということである。アリストテレス以来の天体観によれば、天体を構成する基本的な運動は円運動であり、これが一様慣性運動と考えられてきた。この点は地動説を打ち出したコペルニクスでも変わらず、前述のように、ガリレオにおいてさえもこの考えは保持された。デカルトの時代までは、宇宙は一様単純運動の円運動から構成される秩序ある世界と考えられてきたのである。

ところがデカルトによってはじめて基本的慣性運動は直線運動であるとはっきりと表明され、円運動は一様単純運動ではなくて合成運動だと考えられることになった。そこでデカルトにおいては、前述のように、天体の世界と地上の世界とは同質の世界と考えられるので、この直線慣性運動の概念が宇宙の運動全体を支配することになり、そこで宇宙はその運動を受け入れうる世界として力学的根拠から明確に無際限な世界として理解されることになるのである。この点についてひとことつけくわえておくならば、今でもなお慣性法則はガリレオによって設定されたという説が見うけられるが、これは誤りである。ガリレオが設定したのは、地球の水平面上すなわち地球の球面の微少面での慣性運動についてであり、あくまで円上の運動に関してであったのである。

†円運動の力学的分析

第二に、デカルトは、直線慣性運動の概念を確立するにとどまらず、それにしたがって合成運動としての円運動の力学的分析を行なっている。デカルトは、宇宙の運動をあつかう『哲学の原理』の第三部で、円運動を円周上の一点における接線方向の直線慣性運動とその一点と中心とをとおる法線方向の力（これはのちにホイヘンスによって「遠心力」と命名され、ニュートンによって正確に「向心力」としてとらえなおされることになる）によってひきおこされる運動とに分解し、円運動を直線慣性運動と加速度運動からなる運動とする見方を提示しているのである。ただしデカルトは、この力によってひきおこされる円運動の加速度の定量的定式化にはいたらず、これは、このデカルトの分析を題材としてこの問題に取り組んだホイヘンスやニュートンによって実現されることになる。

いずれにしても、デカルトは、円運動は接線方向の直線慣性運動と外力による法線方向の運動からなる合成運動であるとする、円運動についての力学的理解をはじめて提示したのである。この考えが宇宙の運動全体に及ぼされることにより、それまで支持されてきた、円運動はそれ以上分解されない単純で永遠の運動であるという「円運動の神話」が根本的に崩され、宇宙全体の力学的理解が押し進められることになるのである（なお、この「円運動の神話」の排除には、天文学的には、惑星の運動をはっきりと「楕円運動」であるとした、デカルトと同時代のケプラーの業績が大きく貢献している）。

第三に、これも、デカルトの時代まで支配的であったアリストテレスの自然学の根本概念の解体にかかわることであるが、デカルトにより直線慣性運動の概念が確立されることによって、物理学上の運動の「因果律」の理解が根本的に変えられることになった。アリストテレスは、日常の身近な現象の観察にもとづき、地上の自然現象については、「運動するものはすべて他のものによって運動する」という因果律を立て、物体の運動はそれに接触する外的な原因（起動者）なしには起こりえないと考えた。デカルトの「慣性法則」は、このアリストテレスの因果律をはっきりと排除するものである。デカルトの慣性法則は、アリストテレスとはまったく逆に、物体はいったん運動しはじめれば外的原因がないかぎりどこまでも直線運動を行なうというものだからである。これによって、物体の運動の「原因」は、それの直線慣性運動を妨げる力として探究されることになる。ここに近代の「力学」の観点が成立することになるのである。

3　宇宙生成論

†宇宙論的自然学

デカルトは以上のような自然学についての基本的概念と自然法則を設定したうえで、『哲学の原理』の第三部と第四部で、宇宙と地上の諸現象全体の解明を試みる。そこで、宇宙論上の「渦動説」と呼ばれる一大仮説を提示し、それによって宇宙の生成と発展過程とを説明する。この宇宙論の大前提になっているのは、先にのべた「物質即延長」のテーゼである。これによれば、宇宙空間の全域にわたって微細物質が充満しており、そのために宇宙全体が厳密には連動していることになる。そうすると、目にみえる天体の世界も地上の諸現象も、それを十全に解明するためには、宇宙を構成している物質の構造やそれの生成過程から論じなければならないことになる。それで、デカルトの自然学の体系は、宇宙の生成から説きおこす宇宙論的自然学という構成をとることになるのである。デカルトは、また、このような宇宙生成の因果的解明が、目にみえる世界の現象の単なる記述よりも宇宙や地上の事物についてのより深い理解を与え、新しい事象の発見をもたらすと考える。

†「渦動説」と三つの元素

そこでデカルトによれば、宇宙は当初、同質の物質によって満たされるのであるが、それに全体として一定の運動量が与えられることから、一方で、物質はさまざまに分割され、分割された物質部分は互いに接触し削りあうことになるが、他方で、宇宙全体が物質によって満たされているために、それらの物質部分はさまざまな渦巻き運動を形成することになると考えられる。そうした結果、物質自体は、きわめて微細で動きが速い粒子と、角のとれた球形の粒子と、第一の粒子から合成される、分厚い、運動により適さない粒子とに分かれると考えられる。これらの粒子はそれぞれ第一元素、第二元素、第三元素と呼ばれ、第一元素からは太陽をはじめとする恒星が、第二元素からは天に充満する微細物質が、第三の元素からは彗星や地球をはじめとする遊星が構成されると考えられる。

これらの粒子を光との関係でいえば、第一元素は発光体を、天の第二元素は光を伝える流動体を、第三元素は光を遮断する不透明体を構成することになる。そうして宇宙には、太陽系のような、恒星を中心とする無数の渦巻き状の系が形成されると考えられる。

ここでとくに、地球を構成することになる第三元素の形成についていえば、これは、第一元素から合成される小塊が渦巻き状の宇宙を通過することによって、ねじれ方のちがう二種類の巻貝のような溝のついた粒子（有溝粒子）となり、それが他の分厚い粒子とも合体して、現に太陽で観察される黒点と同じ不透明体になったものと解される。これがある星の全体を包み濃密化すると、星を構成する第一元素の力が弱まり、星全体は発光体でも流動体でもなくなり堅くて不透明な物体になってしまい、他の渦に巻き込まれ遊星と化する。その一つが地球である。そこでデカルトは、当時のギルバートの『磁石論』をうけて地球を磁気体とみなし、地磁気現象を地球を貫通する二つのねじれ方のちがう有溝粒子の存在によって説明している。

デカルトが展開する宇宙生成論の大枠は以上のようなものである。これはきわめて壮大なものであるが、しかし、デカルトの想像力による構想の域をでるものではなく、当然のこととはいえ、定量的表現をともなうものではない。そのために、デカルトの自然学の体系のうちの、この宇宙論の部分は、そのあとのニュートンの、宇宙生成論を排し数学的定式化で固められた天体力学によって退けられることになった。デカルトは、彼の『書簡』のなかでは、いくつかの地上の特殊な現象をとりあげて、静力学や流体力学の分野で定量的な定式化に成功し業績を残している。

しかし、『哲学の原理』という書物において彼が体系的に展開したのは、以上のような全体論的な宇宙論的自然学であった。デカルトは、アリストテレスの自然学や天体論に全面的に代わる新たな自然学の体系を提示するためには、宇宙の生成とその構造とをまず全体的に論述することが必要だと考えたのである。

4　自然学と宇宙論の意義と射程

デカルトの自然学の基本概念、自然法則、宇宙生成論の大要は以上のようなことである。そこで、この自然学について、最後に、その意義と射程についていくつかのべておくことにしよう。とくに、科学方法論上と科学思想史上注目すべきことをつけくわえることにしたい。

†科学方法論――経験（実験）の役割

まず、科学方法論上で注目すべきことは、デカルトの「経験（実験）」についての考えである。しばしば、デカルトの自然学の体系は全体的に演繹的で経験的実証性を欠くものだといわれる。デカルトの体系は、たしかに、自然学の基本的概念と自然法則を理論的に定め、宇宙生成論の見地から、自然学の全体系を演繹的に構成するというスタイルをとっている。

しかし、デカルトは、『方法序説』や『哲学の原理』で「経験（実験）」の手続きの決定的役割を指摘している。それによると、一般的な自然法則や物質的原理から特殊な事物の説明にいたるときには無数の可能的選択肢すなわち「仮説」があり、そのうちどれが真であるかを決定するには、選択された仮説から帰結することがすべて「経験」に合致するかどうかを確かめることによるほかはないという。そこでまた、特殊な事象の原因と仮定される事柄によって、既知の事象のみならず、いままで考えられもしなかった他の事象も説明できるときに、その原因の設定が正しかったとみなしてよいという。さらには、ある仮説をとるのと他の仮説をとるのとで結果が同じでないような実験を探さなければならないともいう。これは、ある仮説を確証し他の仮説を反証するような「決定的実験」を求めなければならないということを意味する。このようにデカルトは、単に自然学の理論体系を展開したのみならず、それが真であると認められるための「経験」の手続きをも提示しているのである。

†光の波動説

次に、科学思想史上注目すべきことをあげておこう。その第一は、光の本性についてである。デカルトは、光を、恒星を構成する第一元素のきわめて速い円運動の遠心力が回りをとりかこむ天の第二元素に対して与える一種の圧力とみなし、これが天を貫いて地球に伝わると解する。したがって、光は物体粒子の伝播ではなく運動の伝播と解する。とくに、それの特質として、一点からあらゆる方向に発散し、しかもあらゆる方向から一点を同時に通過することをあげる。これは光の波動説の核心をとらえるものである。光を球面波として明確な波動説を提示したのはホイヘンスであるが、ホイヘンスはデカルトの説を受けついでいるのである。

†重力概念

第二は、デカルトの「重力概念」についてである。デカルトは第一章でいったように、若い時のベークマンとの共同研究で「自由落下の問題」をとりあげていた。その時には、結果はベークマンとちがってまちがっていたが、真空と地球の引力と物体の落下における一定の加速度を前提にして取り組んだ（ただし水圧学的観点からの考察も行なっていた）。しかしデカルトは、一六三〇年前後に自分の形而上学と自然哲学とを確立し、「物質即延長」のテーゼを自分の自然哲学の支柱にすえたあとは、真空の存在を否定し、空間のいたるところに第二元素の微細物質が充満していると考えて、遠隔力としての引力の考えを放棄した。それで重力とは、天の微細物質が自分の直線慣性運動をつづけようとするために地上に浮遊する第三元素の嵩高い物質を地球の中心のほうへ追いやる圧力の結果だと考えた。

デカルトは重力を、自分の「物質即延長」のテーゼからの帰結に忠実に、物体の回りをとりかこむ天の微細物質の近接力と考えたのである。そうすると、物体の落下速度は、物体をとりかこむ微細物質の運動様態と相対的にしか解明できないことになり、物体の落下において加速度が一様に働くとは想定できないことになる。その点についてデカルトは、ある書簡で、物体の落下の速度について、「重力とは何か」ということと「世界の全体系」とを説明したうえでなければ何か立派で堅固なことはいえないとはっきりとのべている。そのこととの関連でデカルトは、真空中での物体の自由落下を定式化したガリレオに対して、彼はそれを「基礎なしに」たてたと評する。というのも、デカルトによれば、物体の落下の速度を確定するためには、「空間と物質の関係」や「重力とは何か」ということがあらかじめ確立されていなければならないからである。デカルトはこのような考えから、彼としては「自由落下」に関する定量的定式化を自覚的に放棄したのである。

第三に、前述のデカルトの「重力」や「自由落下」についての考えは、ガリレオによる「自由落下法則の定式化」やニュートンの遠隔力としての「万有引力」の概念からすれば、デカルトの科学上の失敗とみられる。しかし話はそれでつきるのではない。デカルトは「重力」や「物体の自由落下」を、彼自身の「物質即延長」説にもとづく宇宙生成論の見地から論じた。デカルトの自然哲学は前述のように、地上の諸現象も宇宙の生成や物質構造の見地から解明しなければならないとする「宇宙論的自然学」の見地のものである。デカルトはこの宇宙論的自然学の論理にあまりに忠実でありすぎたために、地上のローカルな現象をも宇宙の規模から考察し、「力」もあくまで「物質即延長」説から近接力とのみ解しようとしたのである。その点でデカルトの（古典力学からみた）失敗は、物理学上の技術不足というよりは、彼が自分の宇宙論的自然学の見地を徹底しすぎたということに由来するといえる（ただしデカルトには、「真空」という「理想化」の手続きや、現象の数学的定式化においては無視しうる要因があるとする物理学上の「近似」の手法が十分に活用できていないという限界がある）。

†デカルトとガリレオ

これに対してガリレオは、デカルトのような自然哲学と壮大な宇宙論的自然学は構想せず、あくまで地上の物体の自由落下や投射体の運動の数学的分析に専念し、そのことによってそれの定式化に成功した。そうして近代物理学の父とも称せられることになった。しかし、その反面、先にのべたように、地球や天体の運動は単純運動としての円運動から構成され、円運動が慣性運動であるとする「円運動の神話」を保持していた。また、物体の落下も「重い物体」がその本性から地球の中心に向かう「自然運動」であるとする考えを捨てなかった。宇宙全体を、直線慣性運動を基本運動とする見地から無際限な世界とみなし、それを力学的に究明しようという見方はデカルトによってはじめて打ち出されたのである。

†デカルトとニュートン

デカルトの自然学について、最後に、それとニュートンの力学の関係についてひとことのべておかなければならない。前述のようにニュートンにおける力学の形成のベースには、デカルトの『哲学の原理』、とくにその第二部が提示する自然法則や第三部での「円運動の分析」がある。この点はニュートン自身は公言していないが実証的に確かめられている。ニュートンの力学は、ガリレオの業績とともにデカルトの力学を基盤として形成されたものなのである。しかし、ニュートンは、デカルトの宇宙論的自然学は退けた。そもそもニュートンは、デカルトの「物質即延長」説を排し、それ自身不動で空虚な絶対空間というものを要請したのである。そこで物体についても、彼は、それを、デカルトの場合のように、延長と一体のものとみなさず、物体の重力質量と慣性質量とが比例するということに着目して、物体をそこに全重量を集中させることのできる質点とみなす見地を敷いた。それで、ニュートン力学では、物体の運動は、不動の絶対空間との関係で、宇宙の生成や物質構造とは無関係に、質点（あるいは質点系）の運動として確定的に記述することができることになるのである。ニュートン力学とは、地上の物体や天体の運動を、宇宙生成論を排して、不動で空虚な絶対空間における質点の運動として記述しようというものなのである。これがデカルトの「物質即延長」説にもとづく壮大な宇宙論的自然学とは原理的に対極の構図をもつものであることは明らかであろう。デカルトの宇宙論的自然学の構想はその生成論的・全体論的性格のせいで、十七世紀にあって、とても数学的表現のかなうものではなかったのである。これに対してニュートン力学は、右のような制限を敷くことによって定量的な数学的物理学として大成されたのである。

†デカルトの宇宙論的自然学と現代

このような事情はしかし現代にあっては異なってきている。ニュートン力学は、それが全面的に開花したあと、アインシュタインの「相対性理論」と「量子力学」によってのりこえられた。とくにアインシュタインの「一般相対性理論」による「場」の概念の登場とともに、物質と空間（時空）とは相即的なものとみなされることになった。

これは、デカルトの「物質即延長」のテーゼの再現ともみなしうる。アインシュタインは実際にあるところで「デカルトが空虚な空間というものを排除しなければならないと考えたとき、彼は真理からそう遠くにはいなかった」といっているのである。

また、現代の、「地上の現象をすべて宇宙全体に関係づけよ」という「マッハ原理」を指導原理とする宇宙論は、地上の現象の十全な解明は「世界の全体系」を説明したうえでなければできないとするデカルトの宇宙論的自然学の構想を実現しようとするものとも考えることができる。デカルトの宇宙論的自然学の構想はその意味で現代的観点からは注目すべきものなのである。いずれにしても、宇宙の生成から始めて宇宙の体系の形成過程を論じ、そこから地上の諸現象を解明しようという、全宇宙の力学的解明の構想を最初に打ち出したのがデカルトなのである。

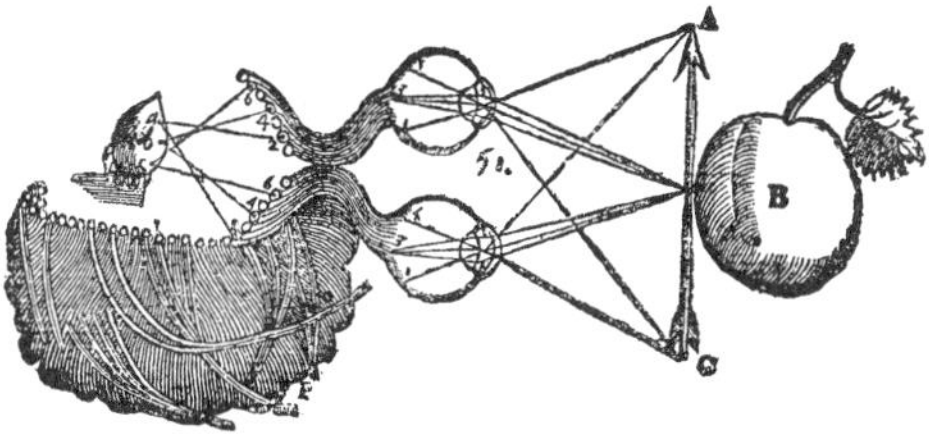

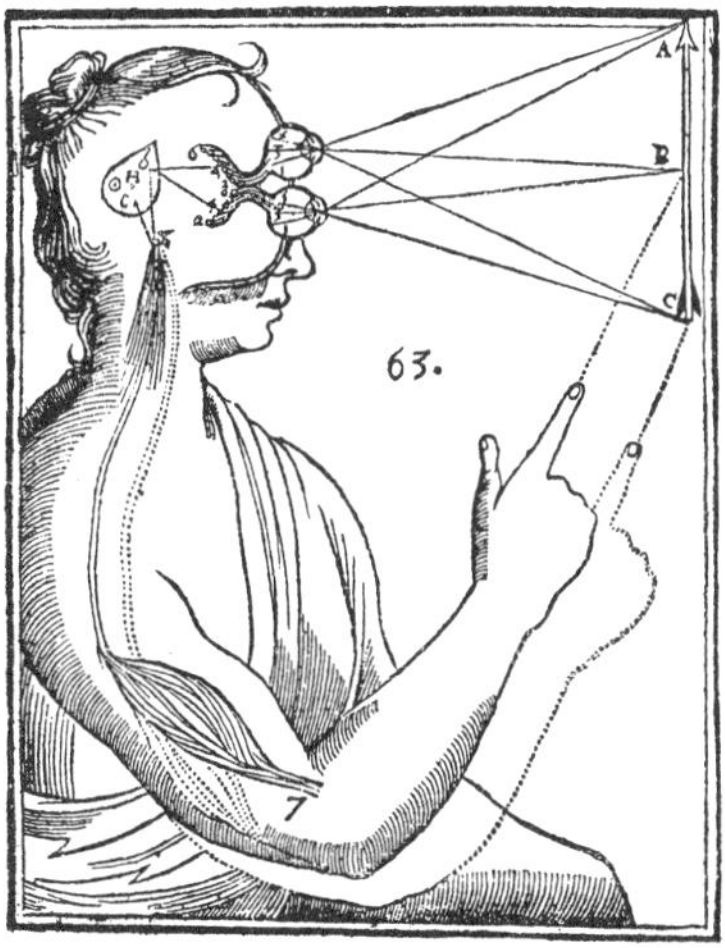

第四章

デカルトの人間論と道徳論

視覚（眼球と視神経と松果腺）および感覚作用と筋肉運動の連動（下）の説明図（『人間論』より）

1 機械論的生理学

デカルトは、以上のような、宇宙の形成過程から自然現象一般を機械論的に説明しようという宇宙論的自然学を展開した。しかし、それだけではない。彼はその自然学を、物理的自然のみならず、動物や人間の身体にもおよぼすのである。デカルトは、動物を機械と同一視する「動物機械論」を打ち出し、さらにその見地を人間身体にも適用して、能動的精神のかかわらない身体機能全体を機械論的に説明しようとしたのである。

この章では、まずデカルトの機械論的生理学（医学）をとりあげ、そうして彼の「人間論」をあつかい、最後に「情念」の解明を中心とした彼の「道徳論」を紹介することにしよう。

†血液循環説

まず、デカルトの機械論的生理学からみてみよう。デカルトは、この生理学の分野では、第一に、その中心問題である、心臓の機能と血液循環の問題をてがけ、同時代のハーヴェイの説を踏まえたうえで自説を提示している。そこでデカルトは、心臓を物体としての熱を不断にもった一種の熱機関とみなし、一方で、血液は心臓で熱せられて膨張し、その結果、心臓をも膨張させて心臓から出ることになると考え、他方で、心臓は、血液が出ていき膨張が止むと新たな血液を受け入れることになると考える。そうして心臓の鼓動と血液の循環が起こると考える。この理論にデカルトは自信をもっており、前述のように、『方法序説』の第五部でわざわざ自分の新しい自然学の一環として提示したほどであった。

しかしデカルトの説は結果的にまちがっており、ハーヴェイの説が正しかった。血液循環は、ハーヴェイが考えるように、心臓の筋肉運動による心臓の膨張収縮がポンプのような役割を果たして起こるのである。このデカルトの失敗は先の宇宙論的物理学の場合と同様、自分の自然学の粒子論的理論を論理的に心臓機能にまで徹底しようとしたことに由来すると考えられる。

†動物精気と神経機能

ついでデカルトは、筋肉運動や感覚知覚などの身体機能や認知活動を、古代の医学者ガレノス以来、血液に加わる生命物質の一種として用いられてきた「動物精気」という概念を導入して説明する。ただし、デカルトは、この概念の意味を本質的に変容し、それから精神的意味をまったく剝奪して、純粋の物体として使用する。それによれば、動物精気とは、血液が心臓で熱せられて希薄化したきわめて微細な物体であり、それのみが脳の空室に入り、脳室を満たしてそこで多様な運動を行なうものなのである。

そこで、デカルトによると、身体を構成する神経には三つの構成要素があり、第一は、神経の内的実質である細い糸の形をした髄であって、これは脳に発し、他の身体部分の端にまで達してそれに結びついている。第二は、それらの神経の糸を包む膜であり、これは脳を包む膜とつながっていて、細い管を構成し、そのなかに神経の糸が入っている。第三が、動物精気で、これはそれらの管によって脳から筋肉まで運ばれるものであるが、またそれがそれらの管のなかにあることによって神経の細い糸が管のなかで何ものにも拘束されることなく伸びていることになるものである。

デカルトは神経をこのように解することによって、感覚知覚やそれにともなう筋肉運動を次のように説明する。第一に、神経の機能は、ちょうど一本の紐の一端が引かれれば他端も動かされるように、その神経の糸の一端が結びついている身体部分が少しでも動かされれば同時にその糸が発する脳の部分が動かされるということにある（ちなみに、デカルトは、「幻肢」の現象を、残った神経の糸が、肢体が切断されていない場合と同様の運動を脳においてひきおこすということによって説明する）。第二に、筋肉の運動は、ある筋肉が縮み、それに対抗する筋肉が伸びることにあるが、そのことの原因は、縮むほうの筋肉に脳から神経の管を介してくる動物精気が他の筋肉にくる動物精気よりも多く、そのために筋肉が急に増長しそれだけそれに結びついている肢体を引っ張ることにある。

デカルトはこのように考え、一般に、光や音などの外的対象の感覚や痛みや飢えなどの内的欲求とそれにともなう反射的な筋肉運動を次のように説明する。まず、外的感覚や内的欲求は神経に多様な運動（刺激）をひきおこし、それが神経の糸によって脳に伝えられて、脳室中の動物精気に同じく多様な運動をひきおこす。

これが一方で、次にのべるように、脳室中の松果腺を介して（それに結合している）精神に多様な感覚をあたえる。たとえば、光とは物体が眼に伝播するきわめて速く活発な「運動ないし作用（波動）」であり、それが視神経の糸を介して脳に伝える「運動の力」が光の感覚を与え、その「運動の多様な仕方」が多様な色の感覚を与える。

他方で、この脳室中の動物精気の運動は、精神の介入なしに、脳室の孔から精気を筋肉の方向に多く流入させて、それに結びついている肢体を動かすことができる。その端的な例は、眼に急に手をつきだされれば、そうするのが誰であろうと反射的に眼を閉じるという「眼瞼《がんけん》反射」である。デカルトは、外的感覚や内的欲求のすべての対象について、それがひきおこす反射的な身体運動は純粋に生理学的に理解できると考える。それのみならず、呼吸したり歩いたり食べたりするといった、動物に共通な人間の活動はすべて、ちょうど時計の運動がただのゼンマイの力とそれの車輪の形態によって生じるのと同様に、肢体の構造と動物精気の流れにのみ依存すると考える。デカルトはこのように考えて、まったく受動的な感覚知覚を含めて身体の機能はすべて生理学的・機械論的に説明できると考えるのである。

†情念の生理学的要因

デカルトは、このような感覚や身体活動の生理学的分析を精神の機能の理解にも及ぼす。デカルトは、『情念論』で、精神の機能を、このあとのべる「精神の能動」と「精神の受動」とに分け、この精神の受動とは、神経を介して精神に到来するものとしての広い意味での「知覚」であって、これには三種類あるという。その第一は、われわれが外的対象に関係づける外的知覚であり、第二は、われわれが自分の身体に関係づける飢えや渇きや痛みなどの自然的（内的）欲求に関するものである。これらはすでに前にとりあげた。これらに加えて第三に、われわれが自分の精神のみに関係づけ、自分の精神の状態と思うものがあり、それが怒りや喜びといった「精神の知覚または感覚または感動」としての「情念」である。デカルトはそこでこの自分の精神の状態と感ぜられる情念についても、それの生理学的・物理的要因を究明し、「精気のある運動によってひきおこされ維持され強められるもの」と説明する。それの生理学的・物理的要因とは次のようなことである。

まずデカルトは、脳室の中心に松果腺という小さな腺がつるされてあり、生理学的見地からは、精神はここで直接的にその機能を働かせると考える（ただしこの精神と身体との作用関係については、すでにふれたように、問題が残り、その点は、このあとの「心身問題」のところでとりあげる）。そこで、ある外的対象、たとえば異常で恐ろしい対象が、感覚器官を刺激し神経を介してある動物精気の運動を脳室に起こすとき、これは一方で松果腺に直接している精神に受動を与えるのであるが、他方で心臓や肝臓などに分布している神経にも及んで血行をよくして、これが脳室の当の動物精気の運動自体も維持し強めて、それだけ精神に圧力をかけ、恐れの情念を生むと考える。また、この精気の運動はその外的対象に対処する身体運動、今の場合、恐れの対象から逃げるための運動にかかわる神経にも波及して、その運動の遂行をたやすくさせると考える。デカルトは、情念にはこのような生理学的・物理的メカニズムが働いていると考えるのである。

2 機械論的生理学の実践的効用

デカルトはこのように、人間の身体機能全体を機械論的に説明し、さらに、人間の精神の状態と感じられる情念において働く生理学的・物理的メカニズムをも解明するのであるが、このことは彼にとっては単に情念の科学的解明に終わることではない。『情念論』によれば、このような解明は、精神の受動としての情念に対する精神の側からの実践的な統御すなわち医術に活用されるのである。

†情念に対する医術

たとえば、情念が激しいとき、それを精神の状態とのみ受け止めると、それに精神が振り回されることになるが、これを血液と動物精気が激動状態にある事態と理解し、それは物質の運動にほかならないのであるから、時の経過によって静まるものだとこころえるならば、情念の激しさから精神を守ることができる。デカルトによれば、われわれのうちにあって、われわれの理性に反対するとみられうるものはすべて身体にのみ帰せられるべきなのである。

また、デカルトは、情念への対処の仕方として次のようにもいう。われわれは、動物精気の激動がひきおこす運動にほかならない情念を、われわれの意志によって直接おさえ、それと逆の運動をひきおこすことはできないので、そうするためには、われわれがもとうと意志し、除去しようと意志するものと反対の情念と習慣的に結びついているものを思い浮かべようとしなければならない。そうして、その情念に対抗するために、もろもろの理由や事物や実例を考えることに心を凝らさなければならない。そうすれば情念を間接的に統御することはできるのである。さらに、情念が激しいとき、われわれは情念を直接おさえることはできないが、それが促す身体運動をとどめることはできる。たとえば「恐れ」の情念が脚を刺激して逃げようとさせるとき、精神はその情念をおさえることはできないがその脚をとどめることはできる。そうしてわれわれは、情念にとらえられても自分の身体行動は制御できるのである。

この点についてデカルトは精緻な分析をつけくわえている。それによれば、普通、精神の感覚的部分と理性的部分、あるいは自然的欲求と意志とのあいだに想定される葛藤とは、物体である精気の運動が松果腺を一方に傾けて情念や身体運動をひきおこそうとし、精神がそれに抗して松果腺を他方の方向に傾けようとすることから生じる対立にほかならない。

その場合、意志は、前述のように情念を直接ひきおこすことができないために、工夫を用いて次々にさまざまなことに心を凝らさざるをえないが、そのうちの一つはしばらくは精気の流れをかえることはできるが、すでに生じている神経や心臓や血液の状態が変わっていないために、他のものはその力をもたず、精気がもとの流れをとりもどし、こうして精神は同じものをほとんど同時に欲求し欲求しないように強いられると感じることになる。これがもとになって、精神は自分のうちに葛藤を感じることになるのである。そうであるから、精神は、この葛藤に対処するには、一方で心臓にも波及する精気の激動がおさまるのを待つと同時に、除去したい情念と反対の情念の対象や除去するための理由や実例に心を専心しつづけなければならないのである。

†情念と対象との連合関係

デカルトによる情念の生理学的分析はさらに次のことを教える。それは、松果腺の運動であれ動物精気の運動であれ、精神にある対象を表象する運動は、精神のうちにある一定の情念をひきおこす運動と自然によって結合されているが、前者は後者から習慣によって分離されることができ、他の非常に異なった運動に結合されうる、ということである。

デカルトによれば、一般に、われわれの精神と身体とのあいだには、われわれが一度、ある身体的活動とある思考とを結びつけると、そのあとは、両者の一方が現われると必ず他方もまた現われるが、しかし、つねに同じ身体的活動が同じ思考に結びつけられるわけではない、という関係がある。つまり、ある対象の表象あるいは思考と、情念の運動あるいは身体活動とのあいだには、いったん結合されると「連合関係」が形成されるが、その連合関係は「偶然的関係」であって、ある対象の表象や思考に対して、それまでと異なった情念や身体的活動を習慣によって結びつけることが可能なのである。

デカルトは、このことをいうのに、ふつうの犬は獲物をみつけると飛びだし銃声の音を聞くと逃げだすが、訓練すれば獲物をみても踏みとどまり、獲物を打つ銃声をきくとその獲物のほうに走りだすようになる、という例をあげている。デカルトによれば、理性をもたない動物にできることが、人間にできないはずはないのである。彼によれば、感覚や情念の生理学的分析はこのことを教え、人間はそのことを認識することによって心身関係の自己改革を実現することができるのである。

†科学技術と医学

ついでにいえば、デカルトは『方法序説』の第六部で、自分の自然学が自然現象のもろもろの力と作用とを解明することによって、一つの「実際的哲学」をもたらし、そのことによってわれわれをいわば「自然の主人にして所有者」たらしめるといっている。この考えが、現代では「自然環境保護」の観点から批判の対象になったりするのであるが、これにはいくつか注釈を施す必要がある。

それは、第一に、たしかにデカルトが打ちだした近代科学は、自然現象のメカニズムを究明することによって、その知識を科学技術へ転用させ、デカルトもいうように、「地上世界のもろもろの果実と、そこにみいだされるあらゆる便宜さとを人々に享受させる」ことになるのであるが、そのためには、まず、それまでのアリストテレスの自然学のように、自然や宇宙を人間的観点から目的論的に理解する見方を否定して、世界をその機械論的法則性のもとで理解しなければならない、ということである。デカルトが設定した近代科学の見方は、まずは人間にそのような自己否定を求め、自然の必然的法則性に服することを要求するのである。そうして、この宇宙が地球のためにつくられ、地球は人間のためにつくられたとする傲慢を破棄させ、この広大な宇宙にあって、地上の人間世界がいかに卑小なものであるかを認識させるのである。

第二に、デカルトが、彼の自然学が、人間を「自然の主人にして所有者」たらしめるというとき、デカルトの念頭にあるのは、前述のような機械論的生理学が医学を推進させ、「この世の生の第一の善であり、あらゆる他の善の基礎である健康の保持」をもたらすということなのである。デカルトはその『方法序説』の第六部の末尾で、自分の余生を、「医学に関する今までの規則よりもより確かな規則をひきだしうるようなある種の自然認識を獲得しようと努めること」にのみ費やそうとさえいっている。そして「ある人々に有益であるが必ず他の人々には害を与えることになる計画」には携わらないという。デカルトは自分の自然学がさまざまな技術をもたらすこと、しかしある人々には害ともなる技術をもたらすことをわきまえ、それが医学の発展に結びつくことこそが望ましいと考えていたのである。

3 動物・機械・人間

以上では、デカルトの形而上学につづく、自然学や宇宙論や機械論的生理学などの科学体系をあつかい、その最後では、彼による身体や情念の生理学的説明を紹介した。そこで、動物や人間の身体活動は全体として機械と同様に機械論的に解明でき、情念にも生理学的・物理的要因が働いているとする彼の説を示した。

それでは、デカルトは、結局のところ、人間を動物や機械の延長とみようとするのであろうか。また人間の精神を、もっぱら、精神の受動としての情念に支配される存在とみようとするのであろうか。

もちろんそうではない。その形而上学において、物理的世界や身体の存在をも疑い、そうして自由意志を核心とする「考えるもの（思考実体）」としてのコギトを打ち立てたデカルトにとって、そのような「考えるもの」は機械とみなされる動物や身体とは本質的に異なる存在である。また人間の心身の諸機能が生理学的に説明されるとするのは、「精神の能動（意志）」が介入しないかぎりにおいてである。

†人間と動物・機械とのちがい――言語と理性の活用

このことについてデカルトは、『方法序説』の第五部で、物理的自然や動物や人間の身体を全体として機械と同一のものとみなしうるという見解を提示したあと、人間精神の話に及び、そこで人間精神は動物や自動機械と本質的に異なるということを次の二つのことを理由にして主張する。

その第一は、人間は「言葉」や「記号」を用い、それをさまざまに配列することによって、自分の前でいわれていることに臨機応変に対応することができるということ、そうして自分の考えを他人に伝え、しかも自分が口にすることは自分が考えていることであるということを意図的に明らかにしながら話をすることができるということである。このような臨機応変な対応や意図をこめた言語活動は機械や鸚鵡にはできないことである。

第二は、機械や動物は、ある特定の「器官の配置」のみによって行動しており、ある特定の行動においては人間を凌ぐ能力をもつが他の行動においてはそうではないのに対して、人間は「普遍的道具」としての「理性」をもっており、これをあらゆる機会に用いて「生のあらゆる状況」に対処することができる、ということである。デカルトは、この人間の普遍的能力に匹敵するほどの、多様な器官の配置をもった機械は不可能であると考える。

デカルトはこのように、人間は、臨機応変の言語活動の能力と自己表示能力をもち、しかも汎用の普遍的理性をもつという点で、機械と動物とは根本的に異なると考えるのである。この考えは、動物と人間はどうちがうのか、あるいは、人工知能は人間の能力に及びうるかという、現代文化が直面する問題のポイントをつくものである。

†精神の能動——意志の働き

ここで話を『情念論』に戻すことにしよう。この書物においてデカルトは、まず、身体の機能については、これを全体として機械とみなして説明したあとで、次に、前述のように、「精神の機能」の話に移り、これを「精神の能動」と「精神の受動」すなわち「知覚」

とにわけた。そこで、後者のなかで、とくに精神に関係づけられるものとして情念をとりあげ、それの生理学的・物理的要因を解明した。

しかし、デカルトは、このような生理学的・機械論的解明は「精神の能動」をその射程にとりこむことはできないと考える。デカルトによれば、「精神の能動」とは「われわれの意志の働きのすべて」である。というのも「意志の働きは直接に精神に起因しており、精神のみに依存すると思われる」からである。

この意志の働きには二種類あって、一つは、われわれの精神自体に終結するもので、それはわれわれがまったく物質的でない対象に思考を向ける場合である。

もう一つは、われわれの身体に終結する場合であって、たとえば、われわれが散歩しようと意志することだけから、脚が動き歩くということが生じる場合である。

われわれはこれらの意志の働きを同時に内的に知覚するが、その知覚は精神を「原因」としてもつものであり、先にあげた受動としての知覚の場合のように物体ないし身体を原因としてもつものではない。それゆえ、この「精神の能動」としての意志の働きは、物質的原理による説明の対象とはなりえないのである。このことは、デカルトにおいては、精神がまずは普遍的懐疑の意志的主体として把握されるということからの直接的帰結である。

4 心身問題

†心身問題のアポリア

しかしここで問題がおこる。それは、デカルトの形而上学によれば、精神は思考を本質とするものとして、延長を本質とする物体や身体と実体的に異なるものと理解されるのであるが、その精神が精神の受動や身体に終結する意志の働きとして身体とかかわりをもつというのはどういうことか、という問題である。ひとことでいえば、非物体的である精神が物質である身体にいかにして作用し、またそれから作用されることになるのか、ということである。これが、第一章でふれた、デカルトの愛弟子エリザベト王女が彼に提示した問題で、「心身問題のアポリア」と呼ばれるものである。

†松果腺による相互作用説

この問題に対しては、デカルトは、生理学的見地からの説明をまずだしている。それは、すでにのべたように、脳室の中心に松果腺という小さい腺がつるされてあって、精神はこれに直接結合しており、この腺においてその機能を果たす、というものである。そこで、身体に拡がる神経の糸の末端が刺激されると、脳室まで伸びている神経の他端も同様に刺激され、それが脳室に満たされている動物精気に運動をひきおこすと考えられる。そうすると、脳室のなかでは外からの多様な刺激に対応する多様な精気の運動が競合していることになり、そのなかで優勢なものが松果腺を動かし精神に感覚や情念をひきおこすと考えられる。また逆に、精神は松果腺を動かし、それによって脳室のなかの動物精気の運動に方向を与え、それが脳室のなかの神経の孔を開かせて、そこから動物精気が筋肉へと流れるようにし、そうして肢体を動かすと考えられる。精神と身体とは、このようにして、松果腺を介して相互作用するとされる。これがいわゆるデカルトの「松果腺」の説である。

しばしば、この「松果腺」による「相互作用説」がデカルトが心身問題について与えた解決であるとされる。しかし、そうではない。これはあくまで、デカルトが生理学的見地から与えた、心身関係についての外から説明であって、彼の究極の説明ではない。実際に、これではエリザベトが提出した質問に対する答えにはならない。なぜなら、この説明では依然として、松果腺という物体に非物体的な精神がどうして作用しうるのかという原理的問題が残るからである。

†デカルトの回答——原始的概念としての心身合一

それでは、非物体的な精神と物体である身体とが作用しあうということに対してデカルトが与えた回答とはどのようなものであろうか。

それは、精神と身体との二元論と独立に、それと異質な事態として心身の直接的合一（心身合一）を認め、その合一自体は、「日常の生と交わりを行使することによってのみ」知られる原始的概念である、とするものである。

もう少し詳しくいえば、デカルトによれば、物体でない精神が身体を動かしうることは、どんな推論によっても、他の事物からとられたどんな比較によっても理解できないことであり、「日々のきわめて確かできわめて明証的な経験」によってのみ体得できることであって、それ自身によって知られるほかのないことがらなのである。

この主張は、「精神が身体を動かす」という行為のありかたそのものは、形而上学的あるいは科学的概念によって知性的に理解できるものではなく、それは、たとえば、実際に脚を動かそうと意志して脚を動かしてみるということによって体得するほかないということを意味する。デカルトは、ここで、このことは、自分の科学の体系では説明しがたいと音をあげていっているのではない。積極的に、この心身合一の事態は他の形而上学的概念や科学的概念で説明しようとするとかえって曖昧になることだと強く主張しているのである。

われわれは、たとえば、泳ぎ方を覚えるのに、物理学や神経生理学を学んで、その知識にしたがって、機械を操作するように体を動かそうなどとすると、かえってぎこちなくなり泳ぎ方を身につけることはできない。そのように、われわれは、精神を身体と合体させて行動しようとする場合は、その合体を「身をもって」体得するほかはない。デカルトは、一方で最先端の科学者でありながら、この事実を強く主張するのである（ちなみに、デカルトはオランダに渡って著作活動をおこなっているあいだも剣術の訓練はつづけていた）。

†心的因果性

さらにデカルトは、この精神の身体に対する作用というものを、精神を原因とした意志による身体に対する直接的因果作用とみなす。デカルトはもちろん、精神が動物精気を脳から神経へと送りこむ仕方を操作し意識できるなどとは考えないが、心身合一において精神が意志によって神経を動かす能動的作用は意識しているという。

そこで注目すべきことは、デカルトが、心身合一は原始的概念であると主張することに呼応して、この心身合一における精神の身体に対する因果作用は、物体と他の物体とのあいだの物理的因果性とは異質のものであり、それと混同してはいけない、といっていることである。デカルトは「因果性」に、「物理的因果性」のほかに、それとは異質な「心身間の直接的因果性」を認め、両者を混同し、後者を前者から説明しようとしてはならないといっているのである。そうして精神（行為者）を原因とする身体に対する直接的因果性をはっきりとみとめるのである。デカルトによれば、「私が手をうごかす」という因果的行為は、「何かに引っ張られて私の手が動く」という物体間の因果的関係と本質的にちがうのであり、「私が手をうごかす」という能動的行為は、実際に私がその行為を実践して体得するほかないことなのである。

このように、デカルトは、心身合一を、心身二元論にもとづいて身体を延長物体とみなし精神を思考とみなす次元とは異なる次元のことと解し、そうして心身問題のアポリアに対する自分の回答を明確に示したのである。

ついでにいえば、デカルトは「原始的概念」というものを三つあげて、「心身合一」の概念のほかに「思考」と「延長」の二つの原始的概念を認める。これらは、それを担う様式としては、それぞれ、「感覚」、「純粋知性（および意志）」、それに「想像力に助けられる知性」である。またそれらが活用される領域とは、「心身合一」に対しては「日常の生と交わり」、「思考」に対しては「形而上学」、「延長」に対しては「数学」ないし「物体をあつかう自然学」の領域である。デカルトはこのように考えて、心身の二元論がもたらす、思考を原始的概念とする形而上学と延長を原始的概念とする数理科学の次元のほかに、心身合一を原始的概念とする「日常の生」の次元をはっきりと確保するのである。

†心身の二元論と心身合一

ところで、しばしば、デカルトが心身の二元論と心身合一の両方を認めるというのは論理的矛盾を犯すことであると解されたりするが、これは論理的な矛盾ではない。「矛盾律」がいうのは、今の場合、「二つのものが、同時に、異なっておりかつ異なっていない（一つである）、ということはない」ということである。デカルトにとっても、心身が二元である（精神と身体は実体的に別である）事態と心身が一つである（精神と身体が実体的に一つである）事態とは時間的に異なる。われわれは、自分の身体を医者のような立場から物理的対象とみなして「手の傷」に医学的処置を施すこともできれば、身体を精神と一つとみて「私の手が痛い」と感じることもできる。しかしそれは厳密には同時のことではないのである。心身の二元論と心身合一の両方を異質なこととして認めることは、論理的矛盾を犯すことではないのである。

なお、この心身問題については、デカルトのあとにつづく、いわゆる「大陸の合理主義者」たち、スピノザやマルブランシュ、ライプニッツはいずれも、哲学上の一大問題として受けとめて、それぞれ異なる解決を示した。彼らは心身問題については、デカルトがまず設定した二元論を引きつぎ、それを徹底しようとした。

そうしてスピノザは、心身の関係を唯一無限の実体としての神に由来する、二つの異なる順序と連結、すなわち「観念の順序と連結と物の順序と連結」と解し、それが平行関係にあるとする「心身平行説」を打ち出した。

またマルブランシュは、心身の対応は、神が、精神の発動あるいは身体における刺激を「機会」として設定するのだとする「機会原因論」を提示した。

最後にライプニッツは、精神と身体の活動のあいだの対応は、ちょうど二つの異なる時計が、あらかじめ設定されることによって、そのあいだに実在的な交流はないにもかかわらず呼応しあうように、神によってあらかじめ設定されてあるとする「予定調和説」を展開した。

こうして、これらの哲学者は、いずれも、心身のあいだに実在的な因果的合一はないとして、心身の関係を神の作用に起因させた。彼らはこの点で主知主義をつらぬき、デカルトのように、心身合一を、科学的概念によっては理解できない、それ自身実践的に体得するほかないものと認める立場を排したのである。

いずれにしてもデカルトは、心身二元の事態と心身合一の事態とをまったく異質な次元のこととみなして、人間はそのいずれにも与りうるとみなす。デカルトによれば、むしろ、「人間の科学の全体はこれらの（原始的）概念をよく区別し、それらの概念のおのおのを、それらの概念が属することがらにだけ帰属させるという点にのみ存する」のである。ここに、デカルトの「人間科学」に対する立場、すなわち、人間活動をある一つの見地からのみ一元的に理解しようとするのではなく、人間活動のうちに異質な複数の次元を認めて、それを多元的に解明しようという人間論上の立場が打ちだされているのである。

5　情念

†情念の第一原因

さて、デカルトは、以上のように、一方で心身関係を生理学的・機械論的に究明するのであるが、他方で心身合一自体は日常の生においてそれ自身において体得するほかのないものと認め、そのうえで、心身合一の事態での個々の情念の具体的な説明を提示する。

『情念論』によれば、動物精気や松果腺による情念の説明は、情念の「最近原因」による生理学的見地からの、いわば心の外からの一般的説明にほかならない。それを知っただけではもろもろの情念の内実を相互に区別することはできず、したがって情念に対する実際の対処にはならないのである。そこで、個々の情念の具体的な源すなわち「第一原因」をさらに求めなければならない。その第一の主要な原因とは、精神が身体と一つになることで与えられる「感覚の対象」である。それは、感覚を刺激する物理的運動の主体とみられるものではなく、「われわれを害したり利したりするもの」として、われわれに対して価値的意味をもつ対象である。それで、もろもろの情念の分類と究明は、感覚の対象が心身の合一体としてのわれわれに対してもつ価値的重要性に応じてなされる。

六つの基本的情念

そこでデカルトは諸情念を六つの基本的、原始的情念に分類する。それは、「驚き」、「愛」、「憎しみ」、「喜び」、「悲しみ」、「欲望」の六つである。

「驚き」とは、何か新しい変わったものが感覚に現われ、それがわれわれにとってまだ善いか悪いか感知されていない時に起こるものであり、これは脳における精気の運動のみに関係して、情念を維持し強める心臓の血行状態にかかわらない。

次に「愛」とは、感覚の対象がわれわれに善いものであり適合したものと示され、われわれの意志がそれに合一して一つの全体になろうとする情念であり、その反対に、そのものが悪いと感じられて、それから離れていようとするのが「憎しみ」の情念である。そしてここに時間の様相が加わり、善を過去または現在において所有していると感じられる場合に「喜び」の情念をもち、悪をすでにもつと感じられる場合に「悲しみ」の情念をもつ。最後に、未来に向かって善を保持あるいは追求しようとする場合、または悪を避けようとする場合に「欲望」をもつ。そこで「驚き」以外の五つの情念においては、脳室の動物精気の運動が心臓にも及び、その血行状態をよくして、その結果、心臓から脳室に至る精気の運動が脳室の精気の運動を活発にするために、情念が維持され強められることになる。

それで情念の効用とは、「精神が保存するのが好ましく、しかも情念なしには容易に消え去りうるような思考を、情念が精神のうちで強化し持続させるということ」にある。またその害は、思考を必要以上に強化したり保存したり、それに気をとられるのがよくないような思考を強化し保存することである。

†「愛」の情念

これらの六つの情念のうち、善ないし価値の追求および実現という見地からみた場合に重要なのは「愛」と「欲望」である。まず「愛の情念」とはデカルトが与える正確な定義によれば、「愛とは、精気の運動によってひきおこされる精神の感動であって、精神をみずからに適合すると思われる対象に対してみずからの意志で結合しようと促すもの」である。ここで「みずからの意志で」というのは、欲望のことではなく、「今からみずからを愛するものと結合しているとみなすところの同意」のことであり、そのとき「われわれは一つの全体を想像しており、自分はその全体の一部分にすぎず、愛せられるものはその全体のもう一つの部分である」と考えているのである。このようにデカルトにおいては、「愛」とは、自分がその一部分であると考えられる全体に対してみずからの意志で合体しようとすることだと考えられる。そうして、われわれを他のものの部分とみる場合には、そのものに共通の善にも、自分に固有のものを何も失うことなく与りうると考えられる。

そこでデカルトは、合体しようと意志する対象の評価に応じて愛を分類し、われわれは、愛の対象を自分よりも低く評価する場合には「愛情」を、それを自分と同等と評価する場合には「友情」を、そして対象を自分より高く評価する場合には「献身」の情念をもつと考える。それでデカルトは、われわれは「一つの花、一羽の鳥、一匹の馬に対しても愛情をもちうる」のであり、また以下でのべる「高邁の精神」をもっていれば、どんな不完全な人にも「友情」をもつことができるという。そして「献身」はその主な対象は至高の神であるが、その対象を自己よりも高いと評価すれば、国や町や一個人にももつことができるという。

ここで注目すべきは、デカルトがこの「愛」をモデルにして実践的社会的道徳を考えているということである。デカルトはエリザベト宛のある書簡で彼の社会道徳観を示しており、それによれば、「人はただ一人では生存できず、実は宇宙の一つの部分であり」、「この地球の一部分であり、この国、この社会、この家族の一部分」なのであり、「つねに、みずからがその一部分である全体の利害を個人としての自己の利害よりも優先しなければならない」のである。そうして「自分を公衆の一部とみなすこと」がすべての人に善をなす喜びとなり、それが人間が行なうすべての最も英雄的な行為の源となり起源となるのである。

このような「愛」の情念や、それをモデルとした社会道徳観が心身合一の事態のものであることはくりかえすまでもないであろう。これは、精神を思考実体とし世界全体を機械論的にみる見地のものではない。この事態では、精神は身体に体現されたものとしてあり、植物や動物の環境世界や他者は、精神がそれの一部にほかならない全体を構成するものとしてある。デカルトが心身合一を原始的概念と見なしたことは、このような世界に対する見方を可能にするものなのである。

†「欲望」の情念

つぎに、自己を一部分とする全体への合体の意志と定義される「愛」の情念がどのように具体的に実現されるのかということをみるために、「欲望」の情念の機能にふれなければならない。デカルトの定義によれば、「欲望」とは「精気によって起こされた精神の動揺であり、精神が自分に適合していると想定することがらを未来に対して意志するようにしむけるもの」である。「欲望」は、いま存在しない善の現存のみならず現に存在する善の保存を欲するものであり、悪の現在における不在のみならず未来にわたる不在を欲するものである。「欲望」とはこのように、現在のみならず未来に向かう善や悪に対する情念なのである。またデカルトによれば、欲望は身体に対しても特別の機能を果たす。というのも、欲望は、他のどの情念よりも心臓を強く動かし、脳に精気をほかの情念よりも多く供給し、その精気は脳から筋肉へと流れて、すべての感覚をより鋭くして身体のすべての部分をより動きやすくするからである。

ところで、デカルトによると、「驚き」はもちろん、「愛」、「憎しみ」、「喜び」、「悲しみ」の四つの情念は、それ自体においてはわれわれをどんな行為にも向かわせない。それらの情念が何らかの行為に向かうには、それらは、未来に向かい身体活動を最も活発にさせる欲望をひきおこす必要がある。「愛」についていえば、それが欲望をひきおこすことによって、一方で、善と合体しようとする意志がより強く維持され強化されて、他方で、その実現のために必要な行為に役立つ身体部分がよりよく働くことになるのである。デカルトはこのように、行為の実現のためには、時間（未来）と身体活動にかかわる「欲望」の情念が不可欠であると考える。

†欲望の統御

このように、「欲望」を介してのみわれわれは善の追求という行為に向かいうるということになると、この欲望の統御ということが道徳行為において決定的な意味をもつことになる。そこで重要なことは、デカルトによれば、まず、意志に固有の武器である、善悪の認識についての堅固で決然とした判断を行使することであり、とくに、欲望の対象である善が、われわれの自由意志にのみ依存する実現可能なものか、そうでないかをはっきりとわきまえることである。デカルトによれば、われわれは、われわれに依存する善なることがらのみを追求すべきであり、そうすることが「徳にしたがう」ということなのである。

他方で、われわれに依存しないことがらについては、世界の出来事は、「宿命」あるいは「不変の必然性」のごとき「神の摂理」にしたがっているとみなし、これを「偶然の運」という考えに対抗させて、われわれに依存しないものへの欲望を断ち切らねばならない。また、われわれ自身にも他のものにも依存することについては、われわれにのみ依存する部分をはっきりと判別し、われわれの欲望がそれのみに向かうようにすると同時に、他の部分については、理性の命令にしたがって最善と思われることをしなければならない。その場合は、われわれに依存しないことに関して悪に遭遇しようが、最善をなしたということで満足すべきである。これらのことは『方法序説』の「仮の道徳」で第三の格率として暫定的に設定されたことであった。これがいまや「決定的道徳」を構成するものとなるのである。

デカルトによれば、このようにして、われわれは、みずから最善と判断したことをすべて実行することによって、つねにみずから満足する理由をもつことになり、そうしてみずからのうちに「内的感動」を感じ、他からくる情念の混乱に左右されることがなくなるのである。そこで、みずからにのみ依存する善の追求のために自由意志を支配し、それを最大限に使用することが「道徳の鍵」となる。それが「高邁」と呼ばれる情念である。情念についての話の最後に、この「高邁」についてのべなければならない。

6　高邁の心と他我と道徳

†高邁の心

「高邁」とは、デカルトの定義によると、「一方で、自分に真に属するものとしては、自分のもろもろの意志の自由な使用しかなく、自分がほめられたりとがめられたりすべき理由としては、意志をよく用いるか悪く用いるかしかないと知ることであり、他方で、意志をよく用いようとする確固不変の決意を自分自身のうちに感じること、すなわち、自分が最善と判断するすべてのことを企て実行しようとする意志をけっして捨てまいとする確固不変の決意をみずからのうちに感じること」である。デカルトはこの自由意志の使用と支配という「高邁」を内に感じるとき、精神は自己に対する「尊重」の念をもつという。この「尊重」というのはデカルトによると「驚き」の情念の一種であり、したがって、「高邁」とは彼にとっては自己に対する「驚き」なのである。デカルトはこのような、われわれの自由意志の使用とわれわれの意志に対する支配が「欲望の統御」をもたらすと考える。

そこで、デカルトは、自由意志とは何であるか、この自由意志をよく用いようという確固たる決意がもたらす利益がいかに大きく、功名心がもたらすものがいかに空しく無用なものかということにたびたび心を凝らすことによって、「高邁」の情念をかきたて、高邁の「習慣」すなわち「高邁の徳」を獲得することができると考える。そして、これこそがあらゆる他の徳の鍵であり諸情念の混乱に対する一般的な救治法なのだと考える。そしてデカルトによれば、そういう徳につねにしたがうものは、「自己自身に対する満足」をもつことができ、「良心の平静と安らぎ」をもつことができるのである。

†「他我」の問題

ところで、このようなデカルトの自由意志の使用とそれの支配という「高邁の心」を核とした道徳観に対しては、これは結局、自己の人間的完成を目的とした道徳観であって、いわゆる「他我（他者）」はそこでは積極的に問題にならないのではないか、という疑問が提示されるかもしれない。

しかし、それはそうではない。すでに「愛」の情念のところでのべたように、デカルトにおいて、他者や社会は「愛」の対象としてはっきりととりあげられている。この「高邁の心」のコンテクストでも、デカルトは右の「高邁」の定義をのべたあとすぐに、「高邁の心は他者を軽視させない」と明言している。

というのも、デカルトによれば、自分自身について高邁の認識や感情をもつ人は、他の人もそれぞれ自己についてそういう認識や感情をもちうることをたやすく確信するからである。また、高邁の心を何よりも大切と思うものは、財産や名誉や、知力や知識や美しさなどは、「善き意志」と比べれば、まったくとるにたらないものであり、「善き意志」のみが自己を評価する理由であり、他の人々の一人一人にあるものと考えるからである。

またデカルトは、「高邁」が自己に対する尊重の情念をひきおこすとするだけでなく、われわれは他者に対して「尊重」の情念を要因とする「尊敬」の念をもつと考える。それは、われわれが他者を自由原因とみなす場合、すなわち「われわれに善も悪もなしうると判断し、しかもそのいずれをなすかは分からないような自由原因」とみなす場合である。たとえばわれわれは自動機械に対して「尊敬」の念をもったりしないが、われわれに善をなしうるが、「われわれを欺く」こともできる「自由原因」に対して「驚き」の念と「懸念」をまじえた「尊敬」の念をもつのである（これの反対は「軽蔑」の念である）。

ここに、デカルトの「他我」問題に対する解答をみいだすことができる。デカルトは、「高邁の心」の源となる「善き意志」をもち、しかしわれわれに対して意図的に善も悪もなしうる、行動が予測不可能な「自由原因」に「他我」の存在をみいだしうると考えるのである。したがって、この「他我」は普遍的懐疑のところで懐疑の対象となるもの、あるいは「コギト」の定立のあとの観念論的見地の局面で、われわれが自分がもつ観念から合成できると見られる存在ではない。「他我」は、心身合一の事態で、日常の生と交わりや言語活動を通じ、対象に、自分がもつのと同じ「善き意志」と「自由原因」をみいだすときに発見されるのである。

そこでさらにデカルトは、「自由原因」としての他者に対して、その他者からわれわれが善しか期待しない場合には、単なる「尊敬」よりはむしろ「愛」と「献身」の情念を抱くという。それでデカルトによれば、「高邁の心」は「愛」の情念と結びつく。というのも、「高邁」な人々は、他の人々に善いことを行ない、そのために自分自身の利害を軽視するということ以上に偉大なことは何もないと考えるので、「愛」の情念にしたがって、自分を全体の一部とみなし、全体のために自分自身に依存する自由意志を最大限に活用しようとするからである。そうであるから、デカルトにとっては、「高邁」は「愛」とは単に両立するどころか、「愛」の実現において「高邁の心」は最大限に発揮されるのである。

いいかえれば、「愛」においては、一方で、自己をその一部分とする全体の実現ということは、自己自身にのみ依存することではないが、他方で、その全体の善の実現のために自由意志を最大限に活用するということは自己自身にのみ依存しており、そのために最善をなすことが内的に「自己自身に対する満足」をもたらすのである。

デカルトの『情念論』が示す「道徳論」の大筋はおよそ以上のようなことである。デカルトはこのようにして、身体や心身関係の生理学的分析からはじめて、個々の情念の道徳的分析を提示し、「高邁の心」を鍵とする「道徳論」を展開した。そこで最後のところで、「情念はその本性からしてすべて善いものであり、それの誤った使用あるいはそれの過度を避けるだけでよい」という。

†情念の救治法

しかしデカルトは他方で、血液や精気の激動としての情念を統御することがどれだけ困難かということに注意を喚起し、「情念に対する一般的救治法」をあらためてまとめあげている。

その第一は、血液の激動のさなかにあるときは、想像力に現われるものがすべてわれわれの精神を欺く傾向にあり、情念の対象を善しとする理由を実際よりもはるかに強く思わせ、またそれを思いとどまらせる理由を実際よりもはるかに弱く思わせるということをよくわきまえ思い起こすということである。第二は、すでに、情念の生理学的分析のところで言及したことであるが、情念が勧めることがらが、その実行をいくらか遅らせてもよい場合には、そのことについてただちに判断をくだすのをさし控え、他のことを考えて気を紛らわせて、時の経過と息抜きとが血液の激動を完全に静めるのをまつ、ということである。

第三は、これもすでに言及したことであるが、情念が促すことがらが即座に決断しなければならないものであるときには、意志を情念が示す理由とは反対の理由に従うようにし向けなければならない、ということである。この点を、デカルトが『情念論』の第三部「特殊情念」の箇所で具体的に説明していることがらで補っておこう。

たとえば、「勇気」は精神が行なおうとすることの実行へと精神を力強くしむける、ある種の「熱」あるいは「激動」である。「大胆」はこの「勇気」の一種であり、これは最も危険な事柄に向かわせる情念であるが、この場合には、自分の目的が実現されるという「希望」と「確信」の理由をもつ必要がある。

これに対して、「臆病」は「勇気」の正反対の情念であり、「勇気」とちがって、精神がことがらの実行に向かうのを妨げる「無気力」ないし「冷たさ」である。「恐れ」は「大胆」の反対で、単なる「冷たさ」ではなく、それにさらに精神の混乱（懸念）と驚愕が加わったものであり、近づくと思う悪に対抗する力を精神から奪うものである。そこで、「臆病」に抗するには、これは「大胆」におけるような「希望」や「欲望」を十分にもたないということのみからくるものであるから、「希望」と「欲望」の情念を増大しさえすればよいのである。また、「恐れ」は「臆病」と「懸念」と「驚愕」の過度にほかならず、それから免れるためには、それの主要な原因は不意を襲われるということにあるから、恐れを起こしうるあらゆる出来事に対してあらかじめ熟考し心の備えをするよりよい方策はないのである。

デカルトはこのような、「情念」に対する「救治法」を提示したあと、『情念論』を「人生の善と悪とのすべては、ただ情念のみに依存する」と断言して締めくくっている。デカルトはこの書物で、以上のように、まずは身体と情念についての機械論的・生理学的解明を提示し、ついで、諸情念についての道徳的価値の見地からの具体的究明を展開し、そして道徳の核心を「高邁の心」に求め、情念を「高邁の心」とそれに対する具体的な「救治法」（医術）によって統御しうると主張した。デカルトは、情念を本性的に善なるものとみなし、それの誤用と過度を排しながらそれを享受することに人生の善があると考えた。

デカルトの道徳のモットーの一つは「死を恐れず生を愛すること」であったのである。

終わりに──デカルト哲学と現代

本書は、デカルトの生涯とその思想体系についてのささやかな入門書である。しかし、ささやかではあるが、読者には、本書に接することによって、まずは、デカルトの生涯がいかにその行動半径の広いものであったか、また彼の哲学や科学の体系がいかに大規模なものであるか、了解していただけたであろう。「序」でのべたように、これだけの規模の哲学者あるいは思想体系は人類の文化史上ほとんど存在しない。これに接することによって読者には、思想のもつ迫力あるいはエネルギーというものにふれてもらったのではないかと思う。

デカルトが果たした歴史的意義についてはもはや繰り返す必要はないであろう。デカルトによって、「コギト」が定立され、それまで支配的であった、アリストテレス主義の経験論的認識論が排除された。そこで「生得説」と「二元論」にもとづく認識論が確立された。ついで、彼独自の「創造説」を核心とする形而上学によって、数学的物理学の可能性が基礎づけられた。そして、「幾何学的延長」を本質とする物理的世界の存在が確かめられた。

　そこで、そのような認識論や形而上学にしたがって、あたらしい自然学が構築され、それは世界全体を無際限とみなし、あらゆる自然現象を力学的に説明しようという近代の力学の見地と枠組みを設定するものであった。また、その宇宙生成論を展開する宇宙論的自然学は、実際には構想の域をでず、ニュートンによって退けられたが、現代において定量的に理論化されつつあるともいえる。

　他方、そのような見地や枠組みは人間の身体にも及ぼされ、それを全体として機械論的生理学的に解明しようという理論が提示された。現代の、人間の身体をもとりこむ機械論的自然観と、それに主導される諸科学は、もちろんその細部においてデカルトの科学を大いにあらためるものであるが、原理的には、彼が設定した自然観と自然学の延長上にあるといえるのである。

　デカルト哲学の意義は、しかし、このような歴史的意義に尽きるものではもちろんない。デカルト哲学は、その規模の大きさ、その視野の広さによって、すでにわれわれの思想を啓発するのに十分であるが、それにとどまらず、現代の思想状況をみわたし、それを的確に判断するための最も強力な見方を提供するものでもある。

†デカルトと現代の科学哲学

たとえば、現代の科学哲学では、一時期支配した、われわれがもつ有意味な知識は経験の所与からのみ与えられるとする「経験論」(論理実証主義)を排して、われわれはある「理論を担い」、ある「概念図式」にしたがってのみ物理的現象をとらえるのであるとする見地が定着しているといってよいが、これは、物理的対象の本質はわれわれの知性に与えられた観念によってのみ把握されるとするデカルトの「生得説」の延長の見解であるといえるのである(この「生得説」の考えは、チョムスキーによって言語学の領域においてはっきりと「デカルト主義言語学」として展開された)。

もっとも、そのような主張なら、カントにおいてその「超越論的観念論」のアプリオリズムによってより精緻にまた大規模に展開されているとも考えられる。カントは、われわれの経験の対象の内容は、われわれ人間一般に与えられている、時間、空間の感性形式と一組のカテゴリーに従って構成されるものだと主張したのである。しかし、カントは、それらの感性形式やカテゴリーは唯一不変であって、彼以後の新たな経験によって反証されるものではないと考えた。カントにおいては、人間が現にもつ知覚様式やカテゴリーを相対化する、人間を超えた視点(形而上学)が排されるのである。

これに対して、デカルトの場合は、本論で紹介したように、われわれが内にもつ明証な数学的観念の創造者は神であると考えられることから、それは絶対的な必然性はもたず、われわれが構成する物理的理論が、神の被造物である物理的自然に必然的に妥当するとは主張できない。デカルトによれば、人間は一方で、自分のうちなる数学的観念に従って物理的理論をつくり、それにしたがって物理的自然の探究に邁進しうるのであるが、他方で、それを、神の立場からは偶然性を担うものとして絶対視しない見地が要求されるのである。その意味で、デカルトの科学認識論はカントのそれよりも融通性があるものと考えられる。デカルトの立場は、「理論の先行性」や「理論の主導性」を認めながら、「観念論」には帰着しないものなのである。

ただし、このようにいうことは、デカルトのように「神の偶然的創造」という概念を復活させてそれに訴えなければならないということではない。われわれは現代にあってデカルトの形而上学が意図するところを現代の用語で再解釈して考えればよいのである。いずれにしても、デカルトの見解は、科学的作業を「現象主義」や「実証主義」などの経験論によるのではなく、また「観念論」に陥ることもなく推進しようとする認識論を提供するものなのである。

†デカルトと現代の「心の哲学」

さらに、デカルト哲学の現代的意義を考える場合、「心」の問題や「心身問題」についてのデカルトの見解はきわめて重要である。「心」は存在するのか、存在するとすればどういう身分で存在するのか、「心」と「身体」の関係はどう理解すればよいのか。これらの問題は現代の哲学において最もアクチュアルな問題群の一つである。デカルトは、もうあらためていうまでもなく、「心（精神）」を身体と本質的に異なる実体と認めた。これは、普遍的懐疑によって自由意志を核心とする存在として受けとめられた。

このような理解は、しかし、眼を現代にやると、（デカルトがその主な設定者にほかならない）科学が制覇する現代にあっては、しばしば、とくにアメリカの哲学の動向においては、悪い意味での形而上学的ないし神秘的な理解と解されるのである。普通、われわれにおいても、「心の存在」は日常的には自明なものと受けとめられていると思われるが、哲学的ないし科学的には、それは「非物質的な実体としては存在しない」と主張されたりするのである。

このような、精神を身体と本質的に異なる実体とみるデカルトの立場に対する反論は、デカルトの同時代にすでにはっきりとした形で現われている。それは、デカルトの論敵で唯物論者であったガッサンディによって彼のデカルトに対する『論駁』において提示されている。それは、「精神はある微細な物体の運動でありうる」のに、デカルトはそうではないということを論証せずに「精神の本質は思惟でしかない」とする誤謬を犯しているというものである（ついでにいえば、ガッサンディは、デカルトの普遍的懐疑は無用なものとして退け、それによって体現される自由意志の存在はもちろん認めない）。これに対するデカルトの答えは、要を得たもので、それによれば、「精神は（私には知られていない）物体ではありえない」ということが証明されないかぎり、「私は考えるものである」と断言することが許されないのなら、それは、「私は現にオランダにいる」といったのに対して、そのことは「私が、自分は中国にも、また世界の他のいかなる場所にもいないということを証明しないかぎり信じられるべきではない」というのと同じことである、というものである。デカルトの立場は、あくまで自分の「(私は考えるという) 意識」で捉えられるのが私の存在であり、私の存在を私に意識されていない物に委ねることはしないというものである。そして、そのような自己意識を確立するのに自由意志にもとづく普遍的懐疑は不可欠なのである。

このようなガッサンディの反論は、現代における「心の哲学」での唯物論者の常道であるといってよいであろう。唯物論者は、精神の自律性や自由意志の存在はもちろん認めず、たいてい、心的現象とみなされるものは、じつは、脳の微細な物理化学的過程にほかならないと主張する。しかし、その場合、個々の心的現象をひきおこすとされる個々の物理化学的過程は具体的にどう同定されるのかということになると、まず答えはなく、それが意識化されるということはもちろん認められない。そうすると、それに対しては、デカルト主義者は、デカルトにならって、自分に意識されていない物に自分の存在を任せる気はないと反論することになるであろう。

このような、ガッサンディのような徹底した唯物論者でなくとも（ただしガッサンディは、デカルトとの応酬のあと、精神の非物質性を部分的に認める立場に変わった）、存在するものとしては物理的出来事のみを認めて物理主義一元論をとり、ただ心的性質は物理的性質には還元できないとする微妙な非還元主義的唯物論というものが考えられる。このような立場では、心的性質の独自性は認められるものの、物理的存在から自律した存在としての「私の存在」は認められない。このような立場に対してはデカルトなら、信念や意図といった心的性質、とくに「懐疑」のような能動的な心的行為は、それが帰属しそれをひきおこす原因としての（とくにデカルトの場合、自由原因としての）「精神（心）の存在」なしには理解できないと答えるであろう。そのような非還元主義的唯物論では、心の能動的因果性が説明できないと答えるであろう。

ただ、このような、デカルトの立場は、実体としての精神がいかにしてその本質が異なる実体としての身体に作用しうるのか、という、「心身問題」に直面しなければならない。この問題に対する対処が困難とみられるために、現代の「心の哲学」では心身の二元論は敬遠されがちなのである。

しかし、本書で論じたように、デカルトは、みずからひきおこした「心身問題」に対して明確な答えを提示した。デカルトは、心身の合一は、形而上学や科学的探究の次元とは異質な事態として、それ自身によって把握されるほかのない原始的事態としたのである。それで「心の能動的因果性」についても、それは物体と物体とのあいだの「物理的因果性」と異質なものとして、それ自身において体得されるほかのないものと主張したのである。そのことによって、「私が腕をあげる」ということは「私の腕があがる」ということとはちがう、私の精神（行為者）を原因とした行為である、と理解できるとしたのである。

以上のようなことから、デカルトの「心の哲学」が、現代の状況においても十分に強力で用意周到なものであるということが理解されるであろう。デカルトはみずから現代につながる諸科学を起こした人物であり、それゆえに、科学の射程とその限界をわきまえていたのである。

†日常の言語活動の意義

最後に、この科学の射程と限界の理解ということに関して、二点つけくわえておこう。それは第一に、日常言語によるわれわれの活動の説明（「心の哲学」の領域で「素朴心理学」と呼ばれる）に関することである。デカルトは、本論でふれたように、言語のあらゆる状況での臨機応変な使用という点に動物や機械とのちがいを認めた。この「言語の使用」というのは、デカルトによれば「心身合一」の事態における活動である。そして、この心身合一の事態は、それ自身、科学的究明の対象とできない事態である。いいかえれば、日常言語の臨機応変な使用という言語活動は、それ自体、科学的究明の領域に入らないことであって、したがって、その活動の説明としての素朴心理学は科学の進歩と独立のことなのである。デカルトは、日常言語の使用という人間の活動に科学的作業とは異質な独自の価値を認めているのである。

†環境世界の独自な価値

第二は、デカルトが設定した近代科学の自然観と、われわれがそのなかで生きる環境世界との関係に関することである。デカルトが設定した自然観が、科学技術をもたらすことになったのは事実である。くりかえしていえば、デカルト自身、自分の自然学が、人間を「自然の主人にして所有者」たらしめる科学技術をもたらすことをその利点の一つとしている。しかし、この表現に、近代科学とそれがもたらす科学技術の否定的側面をみいだす人も多い。デカルトは「科学技術の弊害」の元凶とみられたりするのである。しかし、本論でのべたことにつけくわえていえば、デカルトが心身合一の事態を科学的究明の枠外のこととし、それに独自の価値を認めたことは、心身合一の事態で、目でみて、手でふれられる、五感の直接の対象としての環境世界に独自の価値を認めているということを意味する。そうであるから、デカルトは、「一つの花、一羽の鳥、一匹の馬」に対しても「愛情」の情念を抱くことができるというのである。この立場は、「他我」や「社会」に対する「愛」の情念の延長上のものなのである。「環境世界」もまた「日常言語の使用の領域」と同様に、科学の進歩とは独立のものであり、それに独自の価値が認められるものなのである。デカルトの思想は、一方で「科学」がすべてを制覇しようとしているとみられ、他方で「心」の精神的価値が重大視される現代の状況において、その二つの領域にわたって展開され、しかもそれぞれの射程と限界をわきまえたものとして、哲学的考察の第一の題材とみなされるべきものなのである。

あとがき

『デカルト入門』を「ちくま新書」で、という筑摩書房の依頼をうけて、もうだいぶ年月がたつ。この話をいただいたときに、心よく引き受けたが、はじめは、比較的、短期間のうちに書きおろすつもりでいた。しかし、とりかかってみて、デカルトの入門書という、広く一般の人々を読者とする書物を執筆することが、私には、意外に困難な仕事であることに気づかされた。

それは、第一に、それまで、専門の書物や論文の類ばかり書いてきたので、一般の読者向けに、デカルトの哲学をその生涯を含めて新書版でまとめあげるという作業をすらすらとできなかったことによる（本書での叙述が、専門書のスタイルから多少とも抜けきれていないことは自認しなければならない）。第二に、一般の人々を読者にすると、デカルトという思想家に対する私自身の思いや態度を反映して、読者に対していわば語りかけねばならず、これは、専門の書物を書く場合とは異なる、ある種の緊張感を要求するからである。そういうわけで、その後、専門の書物や論文は著わしつづけたものの、本書の執筆の完成に至らなかった。しかし、一昨年あたりから、同僚や周囲の人たちの強い勧めもあって、ぜひ執筆しおえて出版しなければ、という気になった。

私はかねがね、哲学思想の思考力は、歴史上の大きな思想家に取り組むことによってのみ養えるのであり、そうすることによって、現代の思想状況への堅固で広い視野が獲得できると考えている。そして、おおげさにいえば、そういう、とくに教育面における体制が確立されることによって、哲学思想がその基盤である文化が発展すると考えている。

しかし、現実には、われわれの国では、高等学校や大学の学部段階で、歴史上の大きな哲学思想の内実にふれるという教育環境と体制は十分にできておらず（あるいは必要とも考えられず）、また一般にも、哲学思想が必須の教養であるという考えは定着していないと思われる。われわれの国では、哲学思想の思考力を養うために、歴史上の重要な思想に取り組むということはそう容易なことではないのである。

そういう状況を打破するためには、まずは、われわれ、哲学思想の研究と教育に携わるものが、歴史上の哲学思想がもつ魅力と迫力とを一般の人々に知ってもらう努力をしなければならない。そうして、哲学思想というものがいかに思考力の基盤となるものかということを広く知ってもらわなければならない。私は本書をそのような意識のもとで書いた。

私が扱ったのはデカルトであるが、読者には、本書によって、デカルトという人物がいかに勇ましくてスケールの大きな思想家であるかということにふれてもらい、デカルトの哲学思想ひいては哲学思想そのものの魅力と迫力とを少しでも理解していただければ、と願っている。

最後になるが、本書の執筆をじつに長い間、待っていただき、今回の出版に際して文字どおりいろいろとお世話になった山本克俊さんに心からお礼を申しのべたい。

小林道夫

［注記］

本書における、デカルトの著作およびバイエの伝記からの引用は（その箇所は、本書の性質上いちいち明記しなかったが）、次の書物による。訳文はすべて筆者によるものである。

Œuvres de Descartes, publiées par Ch. Adam et P. Tannery, Cerf, 1897–1909 ; réédition Vrin-C. N. R. S. 11 vol., 1964–1974.

Adrien Baillet, *La Vie de Monsieur Descartes*, Paris, 1691 ; reprint, Olms, Hildesheim, 1972.

なお、デカルトの生涯に関する史実については、バイエの誤りを訂正した、デカルトの伝記の決定版ともいうべき次の書物によった。

Geneviève Rodis-Lewis, *Descartes, Biographie*, Calmann-Lévy, 1995（邦訳、飯塚勝久訳、G・ロディス＝レヴィス『デカルト伝』、未来社、一九九八年）

主な邦語文献

【主な邦訳作品】

『デカルト』〔「世界の名著」〕 野田又夫編、中央公論社、一九六七年。「中公バックス・世界の名著」、中央公論新社、一九七八年。これには、『世界論』、『方法序説』、『省察』本文、『哲学の原理』〔第二部まで〕、『情念論』および『書簡集』が含まれている。また、これらは、「中公クラシックス」の、『デカルト・方法序説ほか』(これには『哲学の原理』と『世界論』が含まれている)と『デカルト・省察・情念論』(これには『書簡集』が含まれている)に再録されている。中央公論新社、二〇〇一年、二〇〇二年。

『デカルト著作集』全四巻 所雄章他訳、白水社、一九七三年〔増補版、一九九三年〕。これには、『方法序説』と『三つの試論〔屈折光学、気象学、幾何学〕』、『省察』本文と第六までの『反論〔論駁〕と答弁』、『哲学原理』〔第二部までと、第三第四部の標題と部分訳〕、『情念論』、『書簡集』、『精神指導の規則』、『宇宙論〔「世界論」〕』、『真理の探究』、『ビュルマンとの対話』、『音楽提要』〔増補版所収〕などが含まれている。

『デカルト・哲学の原理』〔「科学の名著」〕 井上庄七・小林道夫編、井上庄七・水野和久・小林道夫・平松希伊子訳。朝日出版社、一九八八年。デカルト『哲学の原理』の全訳。

『精神指導の規則』 野田又夫訳、岩波文庫、一九七四年〔改訳〕
『方法序説・情念論』 野田又夫訳、中公文庫、一九七四年
『方法序説』 谷川多佳子訳、岩波文庫、一九九七年
『方法叙説／省察』 三宅徳嘉・小池健男訳〔方法叙説〕／所雄章訳〔省察〕、「イデー選書」、白水社、一九九一年
『デカルト＝エリザベト往復書簡』 山田弘明訳、講談社学術文庫、二〇〇一年
『省察』 山田弘明訳、ちくま学芸文庫、二〇〇六年

【主な参考文献】

アラン『デカルト』 桑原武夫・野田又夫訳、一九七一年、みすず書房
ジュヌヴィエーヴ・ロディス－レヴィス 『デカルトと合理主義』 文庫クセジュ、福居純訳、一九六七年
同 『デカルトの著作と体系』 小林道夫・川添信介訳、紀伊國屋書店、一九九〇年
『現代デカルト論集I・II・III』 デカルト研究会編、勁草書房、一九九六年
『デカルト読本』 湯川佳一郎・小林道夫編、法政大学出版局、一九九八年
野田又夫『デカルト』 岩波新書、一九六六年
同『デカルトとその時代』 筑摩叢書、一九七一年
同『デカルト研究』〔『野田又夫著作集』第一巻〕 白水社、一九八一年
所 雄章『デカルトI・II』 勁草書房、一九六七、一九七一年

同『デカルト』〔「人類の知的遺産」〕講談社、一九八一年
福居　純『デカルト研究』創文社、一九九七年
同『デカルトの「観念」論』知泉書館、二〇〇五年
村上勝三『デカルト形而上学の成立』勁草書房、一九九〇年
同『観念と存在――デカルト研究Ⅰ』知泉書館、二〇〇四年
同『数学あるいは存在の重み――デカルト研究Ⅱ』知泉書館、二〇〇五年
山田弘明『デカルト「省察」の研究』創文社、一九九四年
小林道夫『デカルト哲学の体系――自然学・形而上学・道徳論』勁草書房、一九九五年
同『デカルトの自然哲学』岩波書店、一九九六年
同『デカルト哲学とその射程』弘文堂、二〇〇〇年
佐々木力『デカルトの数学思想』東京大学出版会、二〇〇三年

ちくま新書
589

デカルト入門《にゅうもん》

二〇〇六年四月一〇日　第一刷発行
二〇二四年三月　五　日　第七刷発行

著者　小林道夫（こばやし・みちお）

発行者　喜入冬子
発行所　株式会社　筑摩書房
東京都台東区蔵前二-五-三　郵便番号一一一-八七五五
電話番号〇三-五六八七-二六〇一（代表）
装幀者　間村俊一
印刷・製本　株式会社　精興社

ISBN978-4-480-06293-2 C0210

ちくま新書

238 **メルロ＝ポンティ入門** 船木亨

フッサールとハイデガーの思想を引き継ぎながら〈身体〉を発見し、言語、歴史、芸術へとその〈意味〉の構造を掘り下げていったメルロ＝ポンティの思想の核心に迫る。

254 **フロイト入門** 妙木浩之

二〇世紀の思想と文化に大きな影響を与えつづけた精神分析の巨人フロイト。夢の分析による無意識世界への探究の軌跡をたどり、その思索と生涯を描く気鋭の一冊。

265 **レヴィ＝ストロース入門** 小田亮

若きレヴィ＝ストロースに哲学の道を放棄させ、ブラジルの奥地へと駆り立てたものは何か。現代思想に影響を与えた豊かな思考の核心を読み解く構造人類学の冒険。

277 **ハイデガー入門** 細川亮一

二〇世紀最大の哲学書『存在と時間』の成立をめぐる謎とは？　難解といわれるハイデガーの思考の核心を読み解き、西洋哲学が問いつづけた「存在への問い」に迫る。

301 **アリストテレス入門** 山口義久

論理学の基礎を築き、総合的知のわく組をつくりあげた古代ギリシア哲学の巨人。その思考の方法と核心に迫り、知の探究の軌跡をたどるアリストテレス再発見！

533 **マルクス入門** 今村仁司

社会主義国家が崩壊し、マルクス主義が後退した今、マルクスを読みなおす意義は何か？　既存のマルクス像からはじめて自由になり、新しい可能性を見出す入門書。

589 **デカルト入門** 小林道夫

デカルトはなぜ近代哲学の父と呼ばれるのか？　行動人としての生涯と壮大な知の体系を認識論・形而上学から自然学・宇宙論におよぶ現代の視座から解き明かす。

ちくま新書

159 哲学の道場　中島義道

やさしい解説書には何のリアリティもない。原書はわからない。でも切実に哲学したい。死の不条理への問いから出発した著者が、哲学の真髄を体験から明かす入門書。

269 日本の「哲学」を読み解く ——「無」の時代を生きぬくために　田中久文

日本に本当に独創的な哲学はあるのか？「無」の哲学を生みだした西田幾多郎・和辻哲郎・九鬼周造・三木清らをわかりやすく解説し、現代をいきぬく知恵を探る。

475 〈ぼく〉と世界をつなぐ哲学　中山元

〈ぼく〉とは何か。〈ぼく〉は世界の中でどのような位置を占めているのか。哲学史の中の様々な試みを手がかりに、この素朴で根源的な問いに答える異色の入門書。

482 哲学マップ　貫成人

難解かつ広大な「哲学」の世界に踏み込むにはどうしても地図が必要だ。各思想のエッセンスと思想間のつながりを押さえて古今東西の思索を鮮やかに一望する。

545 哲学思考トレーニング　伊勢田哲治

哲学って素人には役立たず？　否、そこは使える知のツールの宝庫。屁理屈や権威にだまされず、筋の通った思考を自分の頭で一段ずつ積み上げてゆく技法を完全伝授！

549 哲学者の誕生 ——ソクラテスをめぐる人々　納富信留

ソクラテスを「哲学者」として誕生させたのは、その刑死後、政治的な危機の中で交わされたソクラテスの記憶をめぐる論争だった。その再現が解き明かす哲学の起源！

577 世界をよくする現代思想入門　高田明典

その「目的」をおさえて読めば、「現代思想」ほど易しくて役に立つ思想はない。「構造主義」や「ポストモダニズム」の「やってること」がすっきりわかる一冊。